Neuer umfassender Reiseführer

ISCHIA

Natur – Geschichte – Bräuche – Legenden – Museen
Sehenswürdigkeiten – Strände – Spaziergänge – Thermen
Restaurants – Veranstaltungen – Nützliche Informationen

D1350948

VALENTINO EDITORE

Geographie

Ischia liegt im westlichsten Teil des Golfs von Neapel und erhebt sich 1300m über den Meeresgrund, wobei aber nur 789m über die Meeresoberfläche ragen. Es hat eine Fläche von 46,5kmq, mit einer Ost-West Achse von 10km und einer Nord-Süd Achse von etwas mehr als 5km. Die gesamte orographische Beschaffenheit ähnelt einem Kegel mit einer

"Inseln sind wie ständig vor Anker liegende Schiffe. An Land zu gehen gleicht einem Spaziergang auf einem Steg: man hat das wunderbare Gefühl zu schweben"
Truman Capote

breiten Basis, um den sich einzelne Hügel erheben. Es gibt zwei orographische Kerne: das Hauptmassiv des *Monte Epomeo* und das kleinere des *Monte Vezzi*. Der Monte Epomeo erreicht seinen höchsten Punkt in San Nicola (789m), und ist im Norden und Westen von einem ebenen bis hügeligen Küstenstreifen umgeben. Im Osten reihen sich neben dem Hauptkern, in Richtung Nord-Süd eine Reihe von Hügeln aneinander, deren höchste Erhebung der *Monte Trippodi* (502m) und der *Monte Toppo* (427m) bilden. Im Süden ist der abgetragene Boden von tiefen Brüchen durchfurcht. Die Erosion durch das Regenwasser hat dort, wo das Gelände steiler war und mit dichtem Wald bewachsen, oberflächliche Rinnen in den Boden gewaschen, während dort, wo die Vegetation spärlicher war, und das Gelände flacher war, Brüche entstanden sind. Eine der deutlichsten Ergebnisse der Erosion durch Regenwasser sind die Erdpyramiden von beträchtlichem Ausmaß oberhalb von Cava Scura.

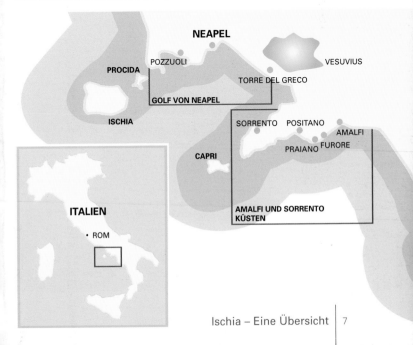

Geologischer Aufbau

Während des Tertiär, als zahlreiche Eruptionen die Insel mit einer Schicht aus Trachyt-Basalt Lava bedeckte, musste sie mit dem Festland verbunden gewesen sein. Nach einer langen nicht aktiven Periode wurde im Zuge einer Eruption eine große Menge an losem Trachytgestein herausgeschleudert, das eine dicke Schicht bildete (aufgrund chemischer Reaktionen wurde aus diesem Gestein der grüne Tuff). Die Tatsache, das die Insel aus dem Meer aufgetaucht ist, wird neben den mineralogischen Eigenschaften durch das Vorhandensein von Meerston auf dem Tuffgestein und durch Fossilien – Weichtiere und Foraminiferen – bestätigt. Sekundäre vulkanische Phänomene sind die Fumarolen, Thermalwasser und der Bradysismus.

Ischia besteht aus Schollen, die voneinander durch Brüche getrennt sind und dem Magma oft als Ausweg dienten.

Hydrographie

Die Oberflächenhydrographie ist nahezu nicht existent und beschränkt sich auf einige Tage starker Regenfälle. Was die unterirdische Hydrographie anbelangt, so finden wir neben den Thermalquellen auch kalte Trinkwasserquellen ab einer Höhe von 400m, mit einer maximalen Wasserführung im Frühling und einer durchschnittlichen Wassermenge von 170 l/min.

Das wichtigste Becken ist das von *Buceto* im Nord-Osten des Monte Epomeo, das vor dem Bau des Unterwasseraquädukts (1958) die Gemeinde Ischia versorgte. Weitere Quellen sind die Quelle *Pisciariello* in Lacco Ameno, die Quelle *Ciglio*, jene von *Nitrodi* und kleinere Quellen in Pantano, Succhivo und Panza sowie verstreut an den Hängen des Epomeo mit geringen Wassermengen, die dann im Sommer austrocknen.

Tuff-Brocken auf der Strasse von'Epomeo. Oben, die Bucht von San Montano.

Klima

Das Klima kann man als gemäßigt und warm definieren, mit mäßigwarmen Durchschnittstemperaturen im Winter und Sommer, geringen Tages-, Monats- und Jahrestemperatuschwankungen, thermischer Einheitlichkeit und bemerkenswerter Trockenheit. Die periodische jährliche Temperaturschwankung (größter Unterschied der Monatsmittelwerten) beträgt 14,6.

Die durchschnittliche Niederschlagsmenge ist an den Nordhängen höher, das heißt im Nord-Osten und Norden. Sie schwanken zwischen 700mm jährlich in S. Angelo bis zu 1050mm in Buceto. Auf dem Monte Epomeo und in den umliegenden Gemeinden über 500m schneit es fast jedes Jahr im Januar und Februar.

Die höchste absolute Luftfeuchtigkeit wird im Juli und August registriert (15,4-15,6), die niedrigste in Januar und Februar (6,5-6,6). Die durchschnittliche jährliche relative Luftfeuchtigkeit beträgt 67%. In Ischia Porto und an den Nord-Osthängen wehen Winde aus Nord-Westen, der Maestrale zwischen März und Oktober, während der Scirocco (aus Süd-Osten) zwischen September und Dezember vorherrscht. Von Januar bis März weht die Tramontana.

Chronologie der Insel Ischia

8.Jh. v.Chr. Ischia wird die erste ständige Kolonie der Magna Grecia auf der italienischen Halbinsel. Die Griechen von der Insel Euböa gehen zwischen 770-760 v.Chr. als erste Griechen am Hügel von San Montano an Land, wo sie die Kolonie Pithaecusa gründen.

Menschliche Aktivitäten beginnen nachweislich in der Jungsteinzeit, also ca. vor 5.500 Jahren.

4.Jh.v.Chr. Am Ende des 4.Jh. v.Chr. brach zwischen den kampanischen Städten von Magna Grecia und den Etruskern ein Krieg aus. Hieron I von Syrakus kommt den kampanischen Städten zu Hilfe und 474 v.Chr. leistet er mit seiner Unterstützung in der Seeschlacht im Golf von Neapel, in den Gewässern vor Ischia, einen entscheidenden Beitrag zur Niederlage der Etrusker.

82 v.Chr. Ischia tritt wieder in Erscheinung als in Rom der Bürgerkrieg zwischen Marius und Sulla ausbricht. Auf seiner Flucht nach Afrika findet Marius eben auf der Insel Zuflucht, wo ihn Anhänger erwarten. Eine Grotte an den Hängen des Monte di Vico, heute vom Meer überflutet, wird immer noch Grotta di Mario genannt. Um die Neapolitaner, die sich auf Marius Seite gestellt haben, zu bestrafen, zwang sie Sulla nach Ende des Krieges, Ischia an Rom abzutreten. Nach Sullas Entscheidung unterstand Ischia nun dem Recht des römischen Senats.

Die Insel ist auch Schauplatz eines weiteren großen Treffens, bekannt als der Vertrag von Misenum zwischen Oktavian, Antonius und Sextus Pompeius. Aenaria ergreift Partei für Sextus Pompeius, der das einzige Hindernis für den Aufstieg von Oktavian darstellt. Der Schwiegervater von Sextus Pompeius,

▲
Griechische Vase. Oben, Fresco der Schule von Giotto (Krypta, Castello Aragonese).

Libo, landet auf Ischia wo er ein üppiges Festmahl auf einer Galeere gibt, um die Unterzeichung des bekannten Vertrags von Misenum zu feiern. Nach dem Tod von Sextus Pompeius und der Niederlage von Antonius wird Oktavian 29 v.Chr. Kaiser und die Herrschaft über Ischia geht wieder nach Neapel.

Ein Spielzeug aus Terrakotta aus der Zeit der Griechen.

558 n.Chr. Die Byzantiner erobern nach den Einfällen der Barbaren wieder die Insel und, wieder mit Neapel vereint, verfolgt die Insel dessen Schicksal.

800 n.Chr. Ischia ist laufend Sarazeneneinfällen ausgesetzt und am 7.September 812 sendet Papst Leo III eine Brief an Kaiser Karl den Großen, um ihm die Geschicke der Bewohner von "Iscla Maior", also der großen Insel, anzuvertrauen.

1134 Herrschaft der Normannen.

1194-1265 Herrschaft der Staufer.

1265-1282 Herrschaft der Anjou.

1410 (14. Mai) Baldassarre Cossa aus Ischia wird zum Papst gewählt. Er wird als Gegenpapst in die Geschichte eingehen.

1422 Alfons der Großmütige erobert das Castello und baut es zu einer Festung aus.

Detail eines Gemäldes von Hackert mit dem Becken vulkanischen Ursprungs, das im Jahre 1854 zum Hafen Ischias werden sollte.

1501 (18. August) Ferdinand I von Aragon erklärt Ischia zu "fedelissima", und nimmt es so in königlichen Besitz auf.

1509 (27. Dezember) Francesco d'Avalos vermählt sich mit Vittoria Colonna im Castello Aragonese.

1544 Einfall der Seeräuber Khair-ed-Din (Barbarossa) und Dragut.

1588 Ein Arzt aus Kalabrien, Giulio Iasolino, initiiert die Wiederentdeckung der Thermalbäder von Ischia, auch weil zwischen Baia und Pozzuoli durch vulkanische Aktivität die Thermalquellen zunehmend austrockneten. Als er seine De'remedi naturali und die wertvolle Landkarte von Mario Cartaro publizierte (1586), lieferte er damit einen wichtigen Beitrag, um die Insel in ganz Europa bekannt zu machen.

1604 Der Vizekönig von Neapel verabschiedet das Statut, das dem neapolitanischen Adel den Bau des "Monte della Misericordia" in Casamicciola gestattet.

Weiterführende Informationen Storia dell'Isola d'Ischia von Benedetto Valentino, VLG Valentino, Euro 8,00.

1708 Herrschaft der Österreicher

1734 (20.Feb.) Karl I von Bourbon besetzt Ischia und Procida.

1830 Ferdinand II wird König von Neapel. Mit seinem Namen ist eine große Blütezeit für Ischia verbunden. Es werden neue Straßen erbaut, ein Kabel des elektromagnetischen Telegraphen verlegt, das Ischia mit dem Kontinent verbindet, und der Bau der Kirche Portosalvo vollendet.

Die Schlacht von Ischia. Ein Gemälde von Saverio della Gatta.

1854 Die Umwandlung des Kratersees und Einweihung des Hafens eröffnet der Wirtschaft von Ischia neue Horizonte.

1883 (28.Juli) Ein verheerendes Erdbeben auf der ganzen Insel, besonders schwer betroffen ist Casamicciola. Ein starker Erdstoß, nur wenige Sekunden lang, zerstört alles und überzieht die Insel mit Trümmern und Zerstörung.

1885 Das italienische Parlament beschließt den Bau des ersten Observatoriums für Geodynamik in Casamicciola.

1945 (11.August) Eine Gesetzesverordnung unterteilt die Insel in 6 Gemeindeverwaltungen.

Das Erdbeben in Casamicciola im Jahre 1883.

1948 Rachele Mussolini, Ehefrau des Duce, wird mit ihren Kindern nach Forio verbannt. Die Witwe von Mussolini kann nur dank der Solidarität der Bewohner ein würdiges Leben führen.

1950 Nach Ende des Krieges, zeichnet sich eine starke Präsenz von bedeutenden Künstlern zwischen '50 und '58 ab.

1950 Der Name Angelo Rizzoli wird untrennbar mit der Entwicklung des Tourismus auf der Insel verbunden. Der "commendatore" kommt nach Ischia, sieht die Armut der Inselbewohner, verliebt sich in die Schönheit der Natur, und erkennt vor allem die Chancen für die Entwicklung des Tourismus. Er erbaut das Hotel Regina Isabella in Lacco Ameno, das bald zu einem Treffpunkt des internationalen Jetsets wird, in der sich der Verleger und Produzent aus Mailand bewegt.

1962 Fox beginnt in Ischia mit den Dreharbeiten zu *Cleopatra*, mit Burt Lancaster und Liz Taylor. Damit wird Ischia endgültig in der ganzen Welt berühmt.

Ferdinand I von Bourbon

2002 (5.Mai) Papst Johannes Paul II kommt auf seiner Pastoralreise nach Ischia, auf Einladung der Diözese unter der Leitung von Filippo Strofaldi. Der Papst zelebriert eine Messe auf der Pontile Aragonese in Ischia Ponte und am Nachmittag trifft er mit der Jugend auf dem Platz vor der Chiesa del Soccorso in Forio zusammen. Das dritte Jahrtausend beginnt mit einem Großereignis, das die Welt nach Ischia blicken lässt.

Die Zeugnisse der Antike

ℹ️ Über Museen, siehe Seite 128.

Die Insel Ischia ist die erste Kolonie der Magna Grecia im Westen. Die Spuren der antiken Völker sind oft von Erdbeben, Vulkanausbrüchen und Bradysismus ausgelöscht worden. Im Laufe der Geschichte hat sich die Gestalt der Insel oft verändert: die verschiedenen Zeugnisse aus dem 7. Jh. v. Ch. befinden sich jetzt ca. 8 Meter unter dem Meeresspiegel, während die römische Stadt *Aenaria* bei einem verheerenden Erdbeben im Wasser vor der *Bucht von Cartaromana* versunken ist.

Die Ankerplätze des Hauses Anjou sind vom Meer überschwemmt. 1301 haben ein Vulkanausbruch und der Lavastrom die Zeugnisse der *Stadt Geronda* in Ischia zerstört.

▶️ Das archäologische Museum in der Villa Arbusto

▲ Fundstücke verwahrt im archäologischen Museum

Punta Chiarito, Forio

Bei den Ausgrabungen 2004 konnten weitere interessante Entdeckungen in Punta Chiarito in der Umgebung des Orts Scanella der Gemeinde Forio gemacht werden. Hier befand sich ein großes Bauern- und Fischerdorf vom 8. bis zum 6. Jh. v. Ch. In Punta Chiarito, das bald zum archäologischen Park wird, entdeckte man 2004 einen Bauernhof mit verschiedenen Ställen für die Tiere.

Der Nestorbecher

Es handelt sich um ein "Kotyle" (Trinkbecher), in den Verse eingeritzt sind. Er wurde aus Rhodos importiert und im Tal von San Montano wieder gefunden. Er stammt wahrscheinlich aus dem Jahre 725 v. Ch. (ausgestellt in der Vitrine 20). Giorgio Buchner hat die winzigen Fragmente zweier übereinander geordneter Muster mit viel Geduld zusammengesetzt. Die drei Verse spielen auf den Kelch von Nestor an, wie ihn Homer in der Iliade beschrieben hat. Der anonyme Graveur aus Pithaecusa, mit einem gewissen Humor, hält seinen kleinen Trinkbecher aus Ton für wertvoller als das Werk der mykenischen Goldschmiedwerkstadt:

Von Nestor ist der schöne Becher, aus dem es sich angenehm trinkt. Wer aber aus ihm trinkt, den wird sogleich die Sehnsucht nach der schönen Aphrodite mit der Krone überkommen.

Einige Wissenschafter halten die Inschrift für "das höchste Zeugnis der Schrift, sogar des schönen Schreibstils in metrischer Stichometrie mit diakritischen Zeichen, Randzeichen aus homerischer Zeit". Er liefert daher ein nützliches Argument für die Standardlösung der homerischen Frage. Andere betrachten sie hingegen eher aus archäologischer und anthropologischer Sicht, als ein bewundernswertes Zeugnis der "Bankett-Ästhetik" seit dem 8. Jh. v. Ch., jenes Symposions, auf dem sich Menschen trafen, die raffinierter symbolischer Spiele über die Schrift und die Poesie fähig waren.

▲
Paul Buchner

▲
Die Inschrift auf dem Nestorbecher

Die Häuser und die Farben von Ischia

Die Häuser von Ischia haben in den letzten Jahren wegen unkontrollierten Wildwuchses der Bauspekulation ihr mediterranes Flair verloren. Um den architektonischen Geist der Insel zu verstehen, sollte man zwei Wege gehen: einer führt an der Küste entlang und zeigt die Verbundenheit mit dem Meer, der andere im Landesinneren die mit der Erde.

> *Weiß, pastellrosa, gelb und himmelblau – das waren die mediterranen Farben der ischitanischen Häuser.*

Die Architektur der Insel war in den verschiedenen Epochen immer mit den Naturgewalten verbunden: Erdbeben, Eruptionen und damit Zerstörung und Wiederaufbau. Wie z.B. in Casamicciola, wo sich Jugendstilhäuser an Baracken reihen. Oder in den ländlichen Gebieten, wo sich in den Tuff gehauene oder aus lokalem Stein erbaute Häuser sich mit Herrschaftshäusern aus dem 17.Jh. abwechseln.Zum Abdecken des Daches der Bauernhäuser wurde ein Gemisch aus Puzzuolanerde, Kalk und Lapilli, die kleinsten und leichtesten Steine einer Vulkaneruption, verwendet.

Als Putz für die Häuser verwendete man Lapilli , die mit großen Stöcken zerschlagen wurden.

Alle halfen beim Häuserbau mit: Verwandte und Nachbarn, und die Bauphase wurde von mit Musikinstrumenten improvisierten Gesängen begleitet. Die "battuta 'e lastrico", die letzte Bauphase, war also gleichzeitig ein großes Fest mit Musik, Tänzen, Festmahl und reichlich Wein.

▲

"A battuta e lastrico" auf einem Haus am Hafen von Ischia, 1930/1940

Die Steinhäuser und die "Cellai"

Die Felsenarchitektur Ischias steht jener von Matera oder Taranto, die zu den bedeutendsten Beispielen in Süditalien zählen, um nichts nach.

Die Steinhäuser der Insel Ischia sind eine außerordentliche Ausdrucksform der bäuerlichen Kunst, die große, vom *Epomeo* ins Tal gerollte Felsen, in Wohnungen verwandelt haben. Der bäuerliche Komplex in der Ortschaft *Cuotto* ist der vollständigste. Zum Schutz vor Sarazeneneinfällen war der Wohnfelsen mit einer Art Wachturm versehen, einem pyramidenförmigen

Der Eingang eines Steinhauses. Oben, ein Beispiel für mediterane Baukunst.

◄

Ein Beispiel für die typischen *parracine*.

Stein, in den steile Stufen gehauen waren. Um die Wohnungen wurden Mauern, die *"parracine"*, errichtet. Sie wurden trocken Stein auf Stein erbaut, und Zisternen mit einfallsreichen Kanalisierungssystemen für das Wasser wurden immer in große Felsblöcke gegraben. Unter den Wohnungen wurden Kellerräume mit *"ventarole"*, einem typischen Belüftungssystem, gegraben. Rund um die Felsenwohnung lagen typische Weingärten und Gemüsegärten. Neben *Cuotto* und *Ciglio* sind die Steinhäuser leicht in *Fango*, am *Epomeo* und in *Montecorvo in Forio* zu erkennen.

Das Thermalwasser

Ischia ist berühmt für seine Thermen. Das Heilwasser wird bei einer Vielzahl von Krankheiten verwendet, besonders bei Knochen- und Gelenkserkrankungen, Muskel- und Atembeschwerden.

Die Thermalquellen der Insel sind seit der Antike bekannt, und schon der Naturheilkundler Plinius und der Geograph Strabon berichteten darüber. Eine der ersten wissenschaftlichen Abhandlungen "Succinta instauratio de balneis" stammt von Giovanni Elisio. Aber es war Giulio Jasolino, ein kalabrischer Arzt, der als erster dem Thermalwesen auf Ischia den verdienten weltweiten Ruhm verlieh. Er publizierte 1588 eine Abhandlung mit dem Titel *"De rimedi naturali che sono nell'isola di Pithaecusa, oggi detta d'Ischia"*. ("Über natürliche Heilmittel auf der Insel Pithaecusa, heute Ischia genannt").

▲
Giulio Jasolino

Die Insel verfügt über ca. 100 kleine Becken, die über das ganze Inselgebiet verstreut sind. Viele von ihnen werden in der medizinischen Hydrologie verwendet. Topographisch gesehen kann man die Hydro-Mineral Ressourcen nach den Gemeinden einteilen, in denen die Quellen liegen. In Casamicciola gibt es 33 Becken, in Ischia Porto sind es 22, in Lacco Ameno 14, in Forio 12, in Serrara Fontana 10 und in Barano 8.

Wissenschaftliche Beschreibung

Das Wasser von *Nitrodi* und *Buceto* hat positive Auswirkungen im Magen- und Darmtrakt und verstärkt die Aktivität der Verdauungsenzyme. Es regt die glatte Muskulatur des Verdauungsapparates an, wobei sich ihre Wirkung auf die Magenentleerung, die Gallenausscheidung und die Vermischung im Duodenum beschränkt.

> *Das Wasser wirkt entzündungshemmend und positiv auf die Atemwege.*

Die Wasser vom Typ Bicarbonat - alkalisch, Bicarbonat-Sulfat, Bicarbonat-Sulfat-alkalisch werden besonders bei Therapien mit äußerlicher Anwendung (Bäder, Fango, Inhalationstherapien, gynäkologische Anwendungen) eingesetzt. Außerdem wirken sie entzündungshemmend und positiv auf die Atemwege.

▲
Aerosol mit Thermalwasser

▶
Ein Detail aus dem Thermalpark Afhodite

Man darf auch nicht die Wirkung vergessen, die das Wasser auf die Schleimhaut des weiblichen Genitaltraktes ausübt. Der lokale pH-Wert wird angehoben und damit die antibakterielle Wirkung. Des Weiteren wirken sie auflösend und antiödemisch. Auf die Atemwege wirkt das Wasser antispastisch und sedativ und fördert den Gasaustausch; in den Harnwegen hat es eine krampflösende Wirkung. Außerdem werden ihm Auswirkungen auf das endokrine System (vor allem Nebenniere und Keimdrüsen) zugeschrieben.

Bei den Anwendungen, die auf der Insel Ischia durchgeführt werden, ist die radioaktive Komponente vor allem bei den Inhalationstherapien zu beachten.

Der Ton von Pithaecusa, eine 3000 Jahre alte Biomedizin

Die Bewohner von Pithaecusa hatten gelernt, dass sie nicht nur Thermalwasser, sondern auch Ton und Lehm zur Behandlung und Stärkung des Körpers und der Seele verwenden konnten.

Der Ton der Insel stammt aus pyroklastischem Material und Aschen verschiedenen vulkanischen Ursprungs und ist von hervorragender therapeutischer Qualität. Diese wird durch den Gehalt an radioaktiven Elementen (Radon) noch verstärkt und verleiht so diesem einzigartigen Naturprodukt eine durch Wissenschaft und Forschung bestätigte Heilkraft. Der Ton wird in der Sonne getrocknet und in Terracottagefäßen aufbewahrt. Kataplasmen (eine Mischung aus Wasser und Ton unter Zusatz von Olivenöl) finden bei Kopfschmerzen, Neuralgien, Fieber und Ohrenentzündungen Einsatz. Lösungen von Ton und Kräutern halfen bei Rachenentzündung und Mandelentzündung und allen Infektionen der oberen Atemwege. Auch bei Verstauchungen bereitete man Gemische auf der Basis von Ton, Glaskraut und Hühnereiweiß zu (Stoppata).

Eine Frau
in der Sauna

Üblich war auch ein Bad in den heißen Quellen der Insel nach Bestreuen mit Ton. Dieses Bad besitzt einen tonischen und aufbauenden Effekt, regeneriert die Haut und macht sie frisch und glatt. Bei älteren Menschen wirkt das Bad positiv bei Durchblutungsstörungen und bei körperlicher und geistiger Ermüdung.

In der Kosmetik wird Ton als feinstes, mit ätherischen Ölen und medizinischen Kräutern vermischtes Pulver verwendet, das eine verjüngende, regenerierende und feuchtigkeitsspendende Wirkung auf das Gesicht hat.

Die Fangotherapie

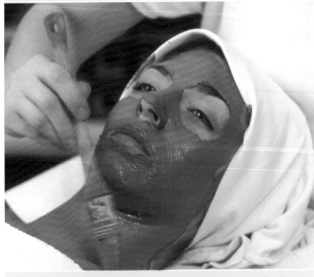

Fangotherapie

Der Schlamm wird gleichmäßig auf die Oberfläche der zu behandelnden Haut in einer 3 -10 cm dicken Schicht verteilt, und zwar bei einer Temperatur von 45 - 50°C. Die Dauer jeder Anwendung beträgt 15 -20 Minuten. Je nach Ausmaß und Applikationsstelle der Fangopackung auf der Körperoberfläche unterscheidet man verschiedene Anwendungen. Biologische und therapeutische Effekte sind auf entzündungs- und schmerzstillende Eigenschaften zurückzuführen.

Thermalwasser Dusche in Poseidon

Die Quellen des Wohlbefindens

Eingang des
Thermalparks
Poseidon

Über
Thermalparks
siehe Seite 132
und 133.

Ein Becken zur
Aufbewahrung
von Wasser

Das Basrelief
aus der
Römerzeit mit
den Nymphen
von Nitrodi

Ischia

Die Quellen Fontana und Fornello, zu Füßen des Montagnone. Sie haben eine Temperatur von ca. 57°C , sind farb- und geruchlos. Zur äußerlichen Anwendung, verfügen über therapeutische Eigenschaften. Die Quelle *Mirtina*, in der Via Pontano, ist in Privatbesitz. Zahlreiche Analysen bestätigen Trinkwasserqualität, Auflösung von Harnsteinen, verdauungsanregend. Die Quelle von Pontano. Trinkwasser, farblos, geruchlos, leicht salzig. Verwendet für die Therapie gegen Harnsteine. Die Quellen von *Cartaromana*, heute zum Teil von Meer bedeckt, wurde zur Reinigung des Mundes verwendet. Heute finden wir am gesamten Strand von Cartaromana Thermalquellen.

Casamicciola

Die Quelle von *Gurgitello* einst «Bagno regio» genannt. Die Temperatur liegt zwischen 64°C und 85°C farblos, geruchlos, leicht salziger-alkalischer Geschmack. Das Wasser wurde zur Heilung chronischer Katarrhe,

Ischialgien, usw. verwendet. Es wurde in den besten Apotheken und in der Thermalanstalt Chiatamone in Neapel verkauft. Die Quelle von Cotto klar und farblos, verwendet bei geschwollenen Gelenken. Die Quelle *dell'Occhio* (39°), die auch «del Bagno Fresco» oder «Loto» genannt wird; geruchlos, salzig und ölig für den Tastsinn. Zur Reinigung von Augen und Wunden. Sie befand sich am Ausgang des *Tamburotals*. Die Quelle Colata oder Bucata. Sie entsprang des tiefen Gurgitellotals und wurde von den Frauen zum Wäschewaschen und Kochen von Fleisch verwendet. Die Quelle von Castiglione: Temperatur 78°C. Man trank es vor Beginn einer Badekur. Die Quelle Tamburo (Tamburin). Dieses Wasser hatte eine Temperatur zwischen 98°C und 100°C. Sie wurde so genannt, weil das Wasser einen Ton erzeugte, der wie ein Tamburin klang. Die Quelle *Cappone* (35°). Sie entsprang am Hügel des Ombrasco, westlich des *Gurgitello*. Klar, geruchlos, reich an Natriumsalzen. Man verwendete sie für die

Diurese und gegen Magen-schwäche. Die Quelle von *Rita* (65°). Sie entsprang westlich der Gemeinde, am Grunde einer Schlucht. Verwendet bei Uterus- oder Rektumvorfall. Die Quellen *dell'Oro* und *dell'Argento*, mit Temperaturen von 40°C bzw. 30°C. Sie lagen eng beieinander, im Tal des Ombrasco. Bei Hauter-krankungen und Heilung von Wunden. Die Quelle von Ferrata, 35°C. Sie entsprang im Tal des Ombrasco. Verdauuungsanregend. Die Quelle «*Spennapollastri*» (Hühnerrupfen) (50°-70°). So genannt, weil ein darin ein-getauchtes Huhn leicht zu rupfen war. Sie lag nahe der Lucibello-Thermen und ihr Wasser wurde bei Rheuma- und Gelenkschmerzen ein-gesetzt. Die Quelle Cociva (50°). Sie wurde zur öffentli-chen Nutzung weitergeleitet bis zur Piazza Bagni, gegen-über den Thermen Manzi. Die Quelle dell' Arenella (30°-35°). Sie entsprang an der öffentlichen Straße vor Lacco Ameno. Harntreibend.

Lacco Ameno

Die *S. Restitutaquelle* (50°). Sie entspringt zu Füßen des Südhanges des Montevico. Verwendet bei Haut- und Gebärmuttererkrankungen. Die Quelle Regina Isabella (40-42°). Sie entspringt nicht weit von "Acqua di S. Restituta". Radioaktiv, klar, leicht säuerlich und salzig; verwendet für die Therapien von Gelenks- und Hauter-

krankungen. Die Quelle von San Montano (52°). Sie liegt westlich der Quelle Regina Isabella. Klar, transparent, geruchlos, salzig. Heilt Wunden und einige Kno-chenkrankheiten. Die Quelle *Capitello* (66°). westlich des gleichnamigen Kegels, klar, geruchlos, salzig. Heilwirkung bei Uterus- und Darmvorfall. Das Bad ist heute vom Meer bedeckt.

Forio

Die Quelle von *Citara* (45°-54°). Unter dem Vorgebirge von Punta Imperatore gele-gen. Klar, geruchlos, leicht salzig. Wirkt heilend auf den weiblichen Fortpflanzungs-apparat.

Serrara-Fontana

Die Quelle von *Cava Scura* (100°) ist die heißeste auf der Insel und eignet sich zur Kur von Rheumatismen. Die Quelle von Sant'Angelo (60°-70°). Sie liegt östlich der gleichnamigen Küste. Klar und sehr salzig, bei Rheumabeschwerden.

Barano

Die *Nitrodi-Quelle*.(30°). Klar, geruchlos, geschmacklos, schal, alkalisch.Harntreibend und auflösend, zur äußer-lichen Anwendung bei Rheumatismen. Die Quelle von Olmitello (40°-44°). Klar, geruchlos, leicht salzig, koh-lensauer. Heilt Harnwegser-krankungen. Die Quelle von Buceto: Trinkwasser, sehr harntreibend; sie befindet sich in der Ortschaft Fiaiano.

i

Diese Liste ist nicht vollstän-dig und darin sind einige Quellen enthal-ten, die in der Vergangenheit abseits der Insel bekannt wurden, ande-ren sind verlo-ren gegangen und andere wiederum bereichern wei-terhin das loka-le hydrothera-peutische Erbe.

+

Weiterführende Informationen
Acque e terme dell'Isola d'Ischia von U. Vuoso, VLG Valentino, Euro 8,00.

Flora und Fauna

Ischia, die grüne Insel – das ist nicht nur ein Werbeslogan, sondern eine zutreffende Beschreibung der Pflanzenvielfalt und Vegetation zwischen Pinienhainen, Wäldern und Hügeln. Die Natur hatte ihre Freude daran, der grünen Insel besonders interessante Vegetationsformen zu schenken, wie z.B. die mediterrane Macchia, die hier dank eines sehr günstigen Mikroklimas einen idealen Lebensraum vorfindet. So konnte sie gut gedeihen und auch bestehen bleiben.

Im Frühling wird Ischia zum Ziel für zahlreiche Zugvögel, die jedes Jahr nach Europa zurückkehren, nachdem sie den Winter im milderen Klima der afrikanischen Küsten verbracht haben. Zu den farbenprächtigsten Arten gehören der Graureiher, der Wiedehopf, der Eisvogel, die Schwalbe, der Kuckuck, die Wachtel und die Turteltaube. Aber der König der Wälder auf Ischia ist das Kaninchen.

Oben:
Die typische
Kaktusfeige,
ein Hase
– König der
Wälder auf
Ischia–
und ein
Ginsterstrauch

Die für die Insel typische Vegetation ist die mediterrane Macchia, deren Ausdehnung heute aber um vieles geringer ist als noch im vorigen Jahrhundert.

Ein Großteil der Berghänge von Ischia ist von dichten Kastanienwäldern bedeckt, die in folgenden Gebieten besonders ausgedehnt sind: Monte Rotaro, Monte Trippodi, Monte Vezzi, Pietra dell'Acqua, Monte Epomeo, Pera, Pirola, Buceto, Cantoni, Monte Toppo, Erba Nera, Chiummano, Cavallaro, S. Antuono, Pennanova. Das Unterholz wird von folgenden Pflanzen gebildet: *Ranunculaceae, Primulaceae, Gentianacche, Liliaceae, Scophulariaceae, Poaceae.*

Seltene Pflanzen

Schon seit dem vorigen Jahrhundert wurden auf Ischia Standorte seltener Pflanzenarten entdeckt.

Cyperus polystachyus Rottb. Sie gehört zur Familie der cyperaceae, verwandt mit den graminacee, und ist in den Subtropen verbreitet. Außerhalb dieser Regionen ist sie in Europa nur auf Ischia anzutreffen, und zwar in Böden mit Fumarolen, in denen hohe Temperaturen und Feuchtigkeit erreicht wird (im Gebiet von Cretaio, Fondo d'Oglio, Fiaiano).

Woodwardia radicans (L.) Sm., ein Farn mit Vorkommen in den Subtropen und im Mittelmeerraum bzw. am Atlantik. Er stellt auf Ischia eine Art Relikt dar, da er, als das Klima feuchter und wärmer war, weiter verbreitet war. In der Vergangenheit wurde er in den Tälern des Epomeo, von Fontana und von Campagnano beschrieben (Gussone, 1854), aber mit Sicherheit wurde er nur im Trogtal von Fontana gefunden.

Pteris vittata L. Dieser Farn wächst in der Nähe von Fumarolen. Viele Standorte sind verschwunden, während eine kleine Kolonie in der "Cava del Bubù" in Casamicciola entdeckt wurde.

Limonium inarimense Guss. Eine für die Meeresfelsen und Klippen typische Art. Sie wächst entlang des Küstengürtels der Insel und wurde Mitte des 19.Jh. vom neapolitanischen Botaniker Giovanni Gussone entdeckt. Diese Pflanze wurde sonst nirgendwo anders auf der Welt gefunden.

Einer der seltenen Farne der Fumaloren (*Pteris vittata L.*)

In den Wäldern Ischias kann man hervorragende Steinpilze finden

Weiterführende Informationen
Ischia Verde von Giuseppe Sollino, VLG Valentino, Euro 9,00 (dritte Auflage) mit einer Karte der Wanderwege.

Ein geschützter Meerespark

Ein Großteil des Meeres rund um die Insel Ischia wird in den geschützten Meerespark "Regno di Nettuno" aufgenommen.

Das Reich des Neptun war Gegenstand von Studien und Untersuchen von Seiten der Zoologischen Station Anton Dohrn, die erhoben hat, welches die interessanten und schützenswerten Gebiete sind.

▲
Die Wasserpflanze Posidonia

Die Posidonia

Ein großer Teil des Meeres rund um die Insel, vor allem vom Hafen in Ischia bis zu Scarrupata ist von dieser Algenform mit bandförmigen Blättern, in 5er und 10er Gruppen, bewachsen. Da die Blumen und Früchte sehr selten sind, pflanzt sie sich durch die Stolonen fort, das sind ihre langen Äste aus denen sich neue Wurzeln entwickeln. Das Meeresgras ermöglicht, dass unter Wasser Wiesen entstehen, die reich an Tierleben sind. Die Blätter beherbergen Bakterien, Algen, Hydrozoen und Bryozoen, die die Nahrung für Tintenfische, Kraken, Krebse und Fische sind. Der Unterschied zwischen der Posidonia und anderen Meeresalgen ist, dass die Posidonia eine Pflanze mit Wurzeln ist. Das ist wesentlich für das Überleben im Ökosystem des Meeres und ist von den Wissenschaftern des Laboratoriums Benthos, der Station Dohrn untersucht worden.

Mit 1 Meter Länge, die einzige Pflanze, die sich den Lebensbedingungen am Meeresboden angepasst hat.

Wale und Delfine

Seit 1991 haben Freiwillige und Studenten an der Kampagne zur Sammlung von Meeresdaten an Bord des Segellabors von StudioMare teilgenommen. Sie haben zum aktuellen Wissensstand über die Verbreitung und die Ökologie dieser Tiere in den Gewässern vor Ischia beigetragen. Die Vereinigung Delphis Mediterranean Dolphin Conservation widmet sich der Erhaltung und dem Schutz der Wale in Italien. Sie sieht als oberste Priorität den Schutz des Delphinus delphis, des gemeinen Delfins. Eine Spezies, die im Mittelmeer vom Aussterben bedroht ist.

Unterwasserwelt Ischia

Für Taucher eröffnet sich ein Unterwasserparadies, das außergewöhnlich artenreich ist und sich zwischen dem Castello und dem Inselchen Vivara befindet. Die Formiche, eine große Felsmasse unter Wasser, reich an wundervollen Grotten, erhebt sich auf einem sandigen Boden in ca. 18 Metern Tiefe, an manchen Stellen in knapp 4 Metern Tiefe.

Wer gerne taucht, sollte auch die schwarze Koralle besichtigen, die ein Unterwasser-Journalist Franco Savastano, in den Tiefen vor der kleinen Insel von Sant'Angelo entdeckt hat. Zahlreiche andere Wege können verfolgt werden, indem die natürlichen Grenzen der Untiefen verfolgt werden, die sich an manchen Stellen strahlenförmig ausdehnen.

▲
Ein Haus der Fischer

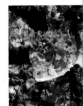

▲
Ein Fisch am Meeresgrund von Ischia

◀
Die schwarze Koralle typisch für Sant'Angelo

Die Insel erkunden

Ausgehend von Ischia erreichen wir den Strand von *Cafiero* und den *Park Castiglione* und können den Strand Bagnitielli bewundern. Ein historischer Strand, wo schon die Savoyer Bäder im Meer und in den Thermen nahmen. Danach treffen wir auf die mächtige historische Anlage von Pio *Monte della Misericordia* und den Hafen von Casamicciola. Darauf folgt der Hubschrauberlandeplatz und der Strand von Fundera. Wenige Meter vom

Ausgangspunkt für die Fahrt um die Insel ist entweder der Hafen von Ischia oder der Hafen von Forio.

kleinen Hafen ragt der bekannte Tuffsteinfelsen "Il Fungo" aus dem Meer. Seinen Namen "Pilz" hat er wegen seiner eigenwilligen Form, die in Millionen Jahren durch Meeresbrandung und Witterung entstand. Wir fahren weiter nach Westen und erblicken den Hotelkomplex *Regina Isabella*, der in den 50er Jahren von *Angelo Rizzoli* errichtet wurde.

▲
Das Motorboot Capitano Morgan der Rundfahrten um die Insel anbietet

▶
Links, die Bucht von S. Montano

Am *Monte Vico* vorbei, wo die Griechen im 6. Jh. v. Ch. landeten, entdecken wir die Thermalanlage "Negombo" und die Bucht von *San Montano*. Sie erinnerte ihren Gründer, den Herzog Camerini Senior an die Bucht von Negombo in Sri Lanka (ehemalig Ceylon). Schließlich erreichen wir Forio mit dem Zinnkranz der Colombaia, der Villa von *Luchino Visconti*, und weiteren wunderschönen Villen mit Zugang zum Meer. An der Punta Caruso vorbei sehen wir den Strand *San Francesco*, wo man sofort den Glockenturm der Kirche des *San Francesco da Paola* bemerkt, dem Schutzpatron der Seeleute.

Als nächstes erreichen wir die Punta del Soccorso, wo sich die gleichnamige Kirche del Soccorso erhebt, die völlig weiß gekalkt ist. Weiter Richtung Süden kommen wir nach Cava Dell'Isola, vor der sich die sogenannten "Scogli Innamorati" befinden. Zwei enorme Tuffmassen wurden durch die Meeresbrandung und die Witterung in zwei Liebende verwandelt, die

Rechts,
ein Bild von
Casamicciola

sich zärtlich einander gegenüberstehenden. Schließlich gelangen wir an den Strand von *Citara*, an dessen Ende sich die *Poseidongärten* befinden. Wenn wir uns von Citara entfernen, treffen wir auf die Felsengruppe Pietra Bianca und Pietra Nera.

Nach dem mächtigen Felsen Punta Imperatore mit seinem Leuchtturm, begegnen wir dem charakteristischen Felsen "Scoglio della Nave". Es wechseln sich verschiedene kleine Vorsprünge ab, bis man die Punta Chiarito mit der Bucht von *Sorgeto* erreicht. Sie ist für ihre warmen Mineralquellen bekannt, die aus dem Meeresboden hervorsprudeln. Dann entdecken wir die kleinen Strände von Cava Ruffano und Cava Grado und erreichen danach S. Angelo in der Gemeinde Serrara Fontana.

Wenn wir weiter nach Osten fahren, kommen wir zum *Marontistrand*, dem größten und berühmtesten Strand der

Die Grotte Mago. Daneben, der Meeresabschnitt zwischen Ischia und Procida

Insel Ischia. Dann kommen wir nach Scarrupata mit seinem reizvollen Strand. Mit der Punta *San Pancrazio* ist die Südseite der Insel abgeschlossen. Die Bootsfahrt geht weiter nach Nordosten und wir treffen auf die *Grotta del Mago* und können die Umrisse des Castello Aragonese ausmachen.

Kurz vor dem Castello, das sich auf einer Insel erhebt, die mit Ischia Ponte durch eine Brücke verbunden ist, liegt die Bucht der Cartaromana mit den Felsen der S. Anna und dem *Guevara-Turm*, besser bekannt als der Turm des Michelangelo. Wir umfahren das Castello Aragonese. Bald treffen wir auf den Strand dei Pescatori und *la Mandra* und sofort danach kommen wir an der Punta Molino an (wo einige der bedeutendsten Hotels der Welt stehen) und erreichen die Küste des Lidos von Ischia. Dahinter liegt der so genannte "Arso", ein Gebiet das während des schrecklichen Vulkanausbruchs im 14. Jh. n. Ch. komplett mit Lava bedeckt wurde. Damals befand sich der Krater des Vulkans in *Fiaiano* in der Gemeinde Barano.

Wir sind wieder an unseren Ausgangspunkt zurückgekehrt. Rechts am Eingang können wir die Pagode sehen, ein orientalisch anmutendes Gebäude, das für den König *Ferdinand II der Bourbonen* errichtet wurde. Links befindet sich ein rotes Bauwerk: es ist das Laboratorium *Benthos* eine wissenschaftliche Anlage zur Erforschung der Meeresbiologie.

Mehr über
Schiffahrten,
siehe Seite 126.

Die Weinstraßen

Die Weinkeller der Insel Ischia sind ein einzigartiges historisches und kulturelles Erbe, wobei sie sich vor allem auf die Gemeinden Serrara und Barano konzentrieren.

Der Wein aus der Rebe "*Biancolella*" (*Ianculell*) ist von strohgelber Farbe, voll im Geschmack und schmeckt leicht nach Mandeln. Der Wein der Rebe *Forastera* ist von strohgelber Farbe, voll im Geschmack und leicht prickelnd, aber doch trocken. Die Rebe "*Guarnaccia*" bringt einen rubinroten Wein hervor, wohlriechend und harmonisch, leicht prickelnd. Die Rebe *Arilla* produziert einen Wein von gelber Farbe, tanninreich, wohlschmeckend und reich an Extrakten.

Casa d'Ambra hat einige Zeit lang auch einen ausgezeichneten Schaumwein nach der Champagnermethode erzeugt: den Kalimera, der nach dem Gebiet bei Serrara an den Hängen des *Epomeo* benannt ist. Die Weinlese beginnt Ende August (am Piano Liguori-Ischia) und geht bis Mitte Oktober (Serrara Fontana). Der Wein wird noch vorwiegend handverlesen.

▲
Reben des
Biancolella

Auch heute greifen Bauern in einigen Zonen der Insel für den Transport auf Maultiere und Esel zurück. Besonders romantisch ist die Weinlese in der Ortschaft *Scarrupata*, da der Transport der Trauben mittels kleinen Booten und Fischerbooten erfolgt. Alle Familienmitglieder helfen bei der Weinernte mit, und bis vor wenigen Jahrzehnten ernteten die Frauen eine *Cuglienara* genannte, große Traube, die in der Sonne getrocknet Rosinen ergab und aus der der Wein *Sorriso* hergestellt wurde. Aus den roten Trauben machte man *Mustarda*, während durch Erhitzen des Mostes *Vino Cotto* produziert wird.

ℹ
Adressen der Enotheken, siehe Seite 143.

Das Landwirtschaftsmuseum und Weingüter ↙

Landwirtschaftliche Werkzeuge, alte Fässer, zwei Pressen aus dem 19.Jh. und vor allem alte Fotos, die das bäuerliche Leben auf der Insel dokumentieren. D'Ambra ist das älteste Weingut von Ischia das eine 1000jährige Tradition pflegt. Hervorragend die Degustation des Biancolella und der anderen lokalen Weine.

Man kann auch die Weingärten an den Hängen des Epomeo in der Ortschaft Frassitelli besichtigen. Die jahrhundertalte Kunst der "Parracine", Trockenmauern erbaut von den Bauern der Insel und in den grünen Tuff gegrabene Höhlen. Ein Besuch in den Weinkellern Pietratorcia, erst vor wenigen Jahren erbaut, gleicht einer Zeitreise in der bäuerlichen Kultur. Die Kellereien von Pietratorcia haben sich dank der Qualität ihrer Produktion, innerhalb kürzester Zeit etabliert.

▲
Rote Trauben aus denen der *Mustarda* gewonnen wird

▲
Fässer zum trocknen am Meer Nebenan, das Landwirtschaftsmuseum

Kunst auf der Insel

Im Laufe der Jahrhunderte haben sich viele Schriftsteller, Philosophen und Poeten auf Ischia aufgehalten und liebten die Insel. In Casamicciola Terme entwarf *Henrik Ibsen* während eines Urlaubs *Peer Gynt*, *Alphonse de Lamartine* hat hier auch *Graziella* geschrieben, den einer Jugendliebe aus Procida gewidmeten Roman. Der Philosoph *Benedetto Croce* verlor hier im Erdbeben von 1883 seine Eltern und konnte selbst nur knapp entkommen. Unter den Großen der italienischen Literatur ließ Boccaccio hier

Viele Künstler ließen sich oft auf Ischia für ihre Arbeit inspirieren.

die sechste Novelle seines Decamerone spielen. Aber die Liste ist noch lange: Berkley, Auden, *Morante*, *Stendhal*, Shelley, de Musset, Taine, *Verga*, *Maupassant*, *Nietzsche*, Steinbeck, Pasolini, Capote, Montale und Brodskij. Und natürlich *Luchino Visconti, Eduardo De Filippo, William Walton*.

Ein Bild von Mario Mazzella

Eine Skulptur von Maltese

Eine Skulptur von Luigi De Angelis

Nach Cesare Calise, Manierist des 17.Jh. und *Alfonso Di Spigna* aus dem 18.Jh., dessen Bilder in verschiedenen Kirchen der Insel zu sehen sind, ist der Bildhauer *Giovanni Maltese* der wichtigste Künstler des 19.Jh. Seine Werke sind im Museo del Torrione in Forio ausgestellt. Der Aufenthalt großer Künstler des 20.Jh. hat auf der Insel eine richtige Schule von lokalen Künstlern entstehen lassen. Um nur kurz auf die wichtigsten Namen einzugehen sollte man bei einer Künstlerfamilie beginnen: die *De Angelis*. *Luigi De Angelis* (1883 - 1966), ein Frisör und Autodidakt, wird zum Stammvater einer Schule: auch die Arbeiten der Söhne *Francesco* und *Federico* sowie des Enkels *Giovanni*, eines Bildhauers, werden geschätzt. *Vincenzo De Angelis*, der mit 40 Jahren beschließt, als Autodidakt mit dem Malen zu beginnen. *Hans Purrmann*, ein deutscher Maler, entdeckte ihn in seinem kleinen Laden auf Ischia. Er hatte mit Levye Moll die berühmte Schule von *Matisse* gegründet.

In den 30er und 40er Jahren schätzt man auch die Kunst

der Brüder *Colucci, Vincenzo und Eduardo Maria*, Maler und Bohemien. Ihr Haus am Hafen, "Casarella" genannt, entwickelt sich zu einem Künstlertreffpunkt. Der Erneuerung der Schule von Posillipo hingegen widmen sich *Vincenzo Funiciello*, *Matteo Sarno* und *Federico Variopinto*. In den 50er und 60er Jahren ist *Mario Mazzella*, einer der besten Interpreten des Ischia Stils, und *Aniello Antonio Mascolo*, Interpret des Geistes und der volkstümlichen Traditionen. Ein Basrelief von Mascolo lässt sich an der Fassade der Kirche dello Spitito Santo erkennen.

▲
Ein Werk
von Mascolo

Auch *Gabriele Mattera*, ein besonders engagierter Künstler, beginnt in diesen Jahren zu malen. In Forio werden weitere Interpreten der Ischitanischen Schule bekannt: *Michele Petroni*, "Peperone" genannt, *Bolivar Patalano*, Künstler aus Forio, der für eine Zeit mit der Schweizer Malerin *Lelò Fiaux* lebte, *Aldo Pagliacci* und *Gino Coppa*, der ethno-anthropologische Motive, vor allem aus Afrika, zum zentralen Motiv seiner Malerei macht. In der Folge übernehmen *Giovanni Di Costanzo* (Bildhauer), *Mario Capuano* (Mariolino), *Antonio Macrì*, *Filippo Cianciarelli* und *Raffaele Di Meglio*, mit Künstlernamen "*Monna Lisa*" und *Raffaele Iacono* das Erbe.

▲
Truman Capote
ein Dauergast
von Forio

Zur letzten Generation zählen *Davide Curci*, *Massimo Venia* und *Giovanni Lubrano*. Zu den sehenswerten Galerien gehören jene von *Mario Mazzella*, la *Galleria Ielasi* in Ischia Ponte und die Galerie *Del Monte* in Forio.

➕
**Weiterführende
Informationen**
Collana *I viaggiatori a Ischia*,
VLG Valentino,
Euro 1,50.

Die Bar Internazionale di Maria ↙

1933 kommt in Deutschland Hitler an die Macht und die Einstellung zu Kunst und Kultur ändert sich radikal. Die Zensur blockiert die Avantgarde und viele Künstler flüchten in Länder mit liberalen Regierungen. Intellektuelle kommen neben Florenz auch nach Forio, wo der Faschismus, ein künstlerisches Schaffen ohne Einschränkungen erlaubt.

Der erste Künstler, der sich für längere Zeit in Forio niederlässt, ist E. Bargheer, der 1935 mit einem Stipendium nach Ischia kommt. Im nächsten Jahr kommt auch Werner Gilles nach Sant' Angelo. Die wichtigsten Namen der europäischen Kunst der 50er und 60er Jahre sind Stammgäste im Bar Internazionale di Maria im Zentrum von Forio.

🛈

Alle Volksfeste
und Ereignisse
des Jahres auf
einen Blick
siehe Seite 112

Das Fest der hl. Anna und der Palio

Das Fest hat alte Ursprünge und entsteht aus einem Brauch der Fischer von Ischia Ponte. Auf ihren mit Palmen, Fahnen und Laternen geschmückten Booten brachten sie die schwangeren Bräute in die kleine Kirche der S. Anna in Cartaromana für eine gute Geburt. Auf dem Rückweg von der religiösen Zeremonie, nahmen die Fischer gemeinsam mit ihren Verwandten und Freunden ein schnelles Mittagessen ein. Vor beinahe 70 Jahren wurde dieser Brauch zu einem Volksfest, das alle Bewohner der gesamten Insel anzog und die Palmen und Flaggen wurden zu geschmückten Booten. Einige Persönlichkeiten haben die Anfänge des Volksfestes wesentlich beeinflusst und sind so Teil des Mythos geworden: unter ihnen "*Nerone*" (der Künstler G. G. Sorrentino) und *Vincenzo Funiciello*. Heute ist das Fest zu einem wahren "Palio" geworden, an dem sich alle Boote der Inselgemeinden und der nahen Insel Procida beteiligen.

Nach dem Bootscorso, gefolgt von tausenden Booten in den Buchten beim Castello und S. Anna, bildet der Brand des Castello mit einem Feuerwerk und einem Regen von" bengalischem Feuer". den krönenden Abschluss. Seit 2006 ist das Fest der *S. Anna* auch ein Tag der nationalen Lotterie und in den vergangenen Jahren haben Rambaldi, der Erfinder von E. T. und verschiedene international anerkannten Künstler das Palio geplant.

Ein Boot
von S. Anna
▼

Das Fest des hl. G. Giuseppe

Es ist eines der wichtigsten Feste auf Ischia. Am Meer findet eine romantische Prozession statt: die Statue des Heiligen, gemeinsam mit jener der *Jungfrau Maria*, startet vom Pier in Ischia Ponte auf einem festlich beflaggten Boot und ist von Dutzenden "Kähnen" umgeben. Die kleine Flotte wendet sich dem Hafen von Ischia zu, wo der Heilige in der Nähe der *Banchina del Redentore* landet. So durchquert er, gefolgt von unzähligen Gläubigen, die Straßen der Stadt unter dem feierlichen Jubel der Bewohner und kehrt an seine "Wohnstätte" zurück, in die Chiesa della Collegiata dello Spirito Santo.

▲
S. Giovan Giuseppe della Croce ist der Schutzpatron der Insel

Der Umzug des hl. Alessandro

Der Umzug wird von *Pro loco S. Alessandro* organisiert und findet am 26. August statt. Am Umzug nehmen zahlreiche Statisten teil, die mit detailgetreuen historischen Kostümen bekleidet sind. Sie starten vom Castello Aragonese und ziehen durch die wichtigsten Straßen Ischias. Es werden alle geschichtlichen Epochen durchlaufen, beginnend bei den griechischen Siedlern von Pithaecusa weiter zu den Römern von Aenaria, schließlich in die Renaissance der Vittoria Colonna, den spanischen Herrschern und der Familie d'Avalos: diese Kostüme sind auch am prunkvollsten. Dann folgt eine große Zahl der charakteristi-

▲
Zwei Aufnahmen von dem Umzug des S. Alessandro mit Teilnehmern in Kostümen aus verschidenen Epochen

schen lokalen Volkstrachten. Dieser Umzug ist auch bei Touristen sehr beliebt und wird jedes Jahr von italienischen und ausländischen TV-Sendern aufgezeichnet.

Das Fest der Santa Restituta

Das Fest der Santa Restituta mit Prozession und Feuerwerk ist sicherlich die eindrucksvollste, mitreißendste und malerischste Festlichkeit der Gemeinde. Die Statue der Heiligen legt mit einem Boot in Casamicciola ab und fährt bis nach Lacco Ameno, wo zahlreiche charakteristische "bancarelle" aufgebaut sind. Das Boot wird von Dutzenden Kähnen begleitet und von einer riesigen Menge mit Jubelrufen, Meeressirenen und Feuerwerken begleitet.

Dorffeste
Fehlen dürfen natürlich die Volksfeste nicht. Mitte September findet das Weinlesefest in Campagno mit der Krönung der Weinkönigin statt. Zu erwähnen sind auch das Fest des Schweins und des Weines in Fontana Ende August.

Legenden und Märchen
In den dunklen Winkeln der ältesten Stätten von Ischia verstecken sich die Ursprünge von möglichen Geschichten, immer zwischen der "Antike" und der Gegenwart hin und her schwankend, immer dazu bereit, diese Grenzen zu überschreiten und zu Geschichten der Gegenwart zu werden, die alle kennen. Ischia Ponte und die Bucht von Cartaromana bilden hierfür ein einzigartiges Szenario. Beginnend beim Guevara-Turm, der an der Küste mit Blick auf das Castello thront, von dem er durch eine kleine Meeresbucht getrennt ist. Am Meeresgrund liegen die Reste der antiken römischen Stadt Aenaria.

Unterirdische Gänge, versteckte Schätze, Gespenster und Geister, Tote und Kobolde.

Im Turm selbst soll sich einst der große Michelangelo aufgehalten haben. Verzaubert von der Dichterin Vittoria Colonna, Schlossherrin von Ischia, versuchte er vom Turm aus die Geliebt zu erspähen und mit ihr zu kommunizieren. Um das Castello zu erreichen konnte man in einen Tunnel hinabsteigen, der damals die Küste mit dem Schloss verband. Durch diesen Geheimgang gelangte man auch ins Innerste des Castello, wo ein Schatz aufbewahrt wurde, dessen Schatzkammer sogar von deutschen Stechern des 17.Jhd. dargestellt wurde. Vor dieser Kammer aber saß ein Greif, ein fürchterliches Untier, halb Löwe und halb Adler, der als schützende Seele den Schatz bewachte. Das Castello wurde von diesen herumirrenden Toten bewohnt, vor allem als es im vorigen Jahrhundert zu einem Haufen Ruinen verfiel. Im Friedhof Cimitero delle Monache waren noch bis in die 70er Jahre die sitzenden Skelette der Nonnen zu sehen, die hier zum langsamen hinuntersickern saßen.

Zum Volksglauben gehören auch di *Munacielli*, eine Art von Hausgeistern, die fast alle alten Häuser bewohnten. Sie umwarben gerne die Frauen, denen sie kleine Geschenke machten, aber nur solange diese das Geheimnis hüteten. Gaben sie es jedoch preis, so wurden sie von den Geistern verfolgt. (*Ugo Vuoso*)

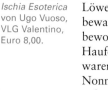

+
Weiterführende Informationen
Ischia Esoterica von Ugo Vuoso, VLG Valentino, Euro 8,00.

Von Kleopatra bis Minghella

Ischia und das Kino, eine große Liebe, die 1936 mit den Aufnahmen zum *Roten Korsar* beginnt und sich mit *Sturmglocken* mit Gina Lollobrigida und 1952 mit dem *Korsar der grünen Insel* mit Burt Lancaster fortsetzt.

Kirk Douglas isst an der Rive Droite zu Abend

Die Entdeckung von Ischia und die Werbung auf der ganzen Welt ist tatsächlich ein Wunder der großen Leinwand, gefördert durch die Aufnahmen zu *Kleopatra* 1962 und die Liebe eines großes italienischen Produzenten, Angelo Rizzoli, zu Ischia, der hier verschiedene Filme von Vittorio De Sica, Walter Chiari, Caterina Spaak, Peter Sellers und Jack Lemon ansiedelt. Auch Anna Magnani dreht *Schicksal einer Nonne* in Ischia Ponte.

Zuletzt konnten auch Antony Minghella mit *Der Talentierte Mr. Ripley* und Leonardo Pieraccioni mit *Paradiso all'improvviso* dem Reiz der Insel nicht widerstehen, der die Insel zum idealen Set für jede Handlung macht.

Ischia Ponte, Set der großen Kinofilme

Das Filmset auf Ischia Ponte für den Film *Der Talentierte Mr. Ripley*

Ischia Ponte war das bevorzugte Set für großen Filme, die auf Ischia gedreht wurden: man denke nur an den Kolossalfilm der Fox *Kleopatra* mit Liz Taylor und Richard Burton. "In Eile entworfen, in Hysterie gedreht und in Panik abgeschlossen" zwischen London, Cinecittà und Ischia. Ein Film der zahlreich Unvorhergesehenes erlebte: den Wechsel zweier Regisseure, zwei Sets, den Beginn einer mitreißenden Leidenschaft zwischen Burton und Taylor, die unkontrollierten Ausgaben. Nur wenige wissen, dass das in 1909 eröffnete Kino "Unione" einer der ersten Kinosäle und das drittälteste Kino in Italien ist.

Ein Ausschnitt des Plakates für den Film *Cleopatra*

Die Filmschule La Colombaia

La Colombaia ist der Sitz einer internationalen Schule für Kino und Theater. Ein Pol für Bildung und Spezialisierung, der die von den höchsten institutionellen Ebenen anerkannten Beiträge von Schauspielern, Regisseuren, Bühnenbildnern, Aufnahmeleitern und Fachleuten der verschiedenen Branchen von Bühne und Kunst in einem didaktischen Plänen vereinigt und die Fähigkeit hat, neue Ideen entstehen zu lassen und diese auszuprobieren.

"Punta di diamante" ist der Master der ersten Stufe für Wissenschaft und Technik des Schauspiels, der mit der Universität von Parma unter dem Ehrenvorsitz von Dario Fo und Bernardo Bertolucci eingeführt wurde.

Zahlreiche Workshops sind den Besonderheiten der Schauspielmaschinerie gewidmet (Schnitt, Regie, Schauspiel, Bühnenbild). Jedes Jahr wird für junge Schauspieler ein Theaterlabor abgehalten.

▲
Charlie Chaplin und Oona O'Neil auf Ischia im Jahre 1959

▲
La Colombaia
◄
Luchino Visconti

Den ersten Eindruck von Ischia bekommen Touristen, wenn sie im Hafen einlaufen. Ein Vulkansee wurde auf Geheiß von *Ferdinand II* von Bourbon, der 1854 die Felsen durchbrechen ließ und so die Durchfahrt von Segelschiffen, Booten und Brigantinen ermöglichte, in einen der schönsten Häfen des Mittelmeers, umgewandelt. Die *Bourbonen* errichteten hier die heutigen Gebäude: den Hafen, die Kirche von Portosalvo, sie restaurierten die Villa des Hofarztes Buoncuore und die Thermenanlage, das heutige Rathaus. Die Insel ist in 6 Kommunen geteilt und Ischia ist mit ca. 18.000 Einwohner die größte.

> *"Nur auf Ischia kann man sofort Eupido verstehen, der mit den Mädchen tanzt (die Ischianer nennen ihn Eupedo). Sobald ich das Schreiben beendet habe, bricht die Insel in sich zusammen"*
> Friedrich Nietzsche

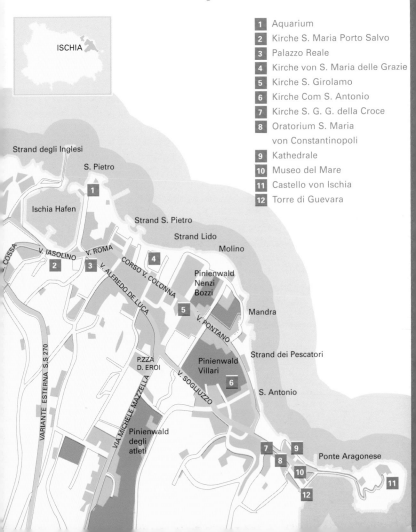

1 Aquarium
2 Kirche S. Maria Porto Salvo
3 Palazzo Reale
4 Kirche von S. Maria delle Grazie
5 Kirche S. Girolamo
6 Kirche Com S. Antonio
7 Kirche S. G. G. della Croce
8 Oratorium S. Maria von Constantinopoli
9 Kathedrale
10 Museo del Mare
11 Castello von Ischia
12 Torre di Guevara

ISCHIA

Strand degli Inglesi
S. Pietro
Ischia Hafen
Strand S. Pietro
Strand Lido
Molino
V. COSSA
V. IASOLINO
V. ROMA
CORSO V. COLONNA
V. ALFREDO DE LUCA
Pinienwald Nenzi Bozzi
Mandra
V. PONTANO
VARIANTE ESTERNA S.S 270
P.ZZA D. EROI
VIA MICHELE MAZZELLA
V. SOGLIUZZO
Pinienwald Villari
Strand dei Pescatori
S. Antonio
Pinienwald degli atleti
Ponte Aragonese

Zwei Löwen aus Terracotta beherrschen das Eingangsportal des <u>Palazzo Reale</u>, das zur Zeit Sitz einer Militäreinheit und leider nicht zugänglich für die Öffentlichkeit ist.

Am Hafen entlang, am Ende der Riva Droite, an der es am Abend in den Restaurants, Tavernen und Pianobar von Menschen wimmelt, treffen wir auf die zoologische Station, gegründet von Anton Dohrn, der damit Wissenschaftlern aus aller Welt eine ideale Forschungsstätte bieten wollte. Die nach ihm benannte zoologische Station ist heute eine öffentliche Einrichtung. Sie kann leider nicht besichtigt werden, ist aber nach wie vor ein Schmuckstück für die Insel.

Zurück am Hafen kommen wir zur Kirche <u>Portosalvo</u>, auf die der Tourist als erstes trifft, erbaut 1857 auf Wunsch von Ferdinand II von Bourbon zur Aufwertung des Hafens. Auf dem kleinen Hügel über dem Hafen steht die Cappella Sant' Alessandro, ein mittelalterliches Dorf, während man an der Hafeneinfahrt die Ruinen der verlassenen Kirche San Pietro ausmachen kann. Folgt man der Via Roma, so gelangt man an den Corso Vittoria Colonna, die wichtigste Einkaufstraße mit Geschäften der Haute Couture, Cafès und Restaurants. In der Via Roma liegt die der Madonna delle Grazie geweihte Kirche, normalerweise Kirche San Pietro genannt. Sie wurde 1781 eingeweiht und auf ihrem Kirchhof wurde 1799 Pasquale Battistessa hingerichtet. Im Inneren finden wir Gemälde von Carlo Borrelli Ponticelli.

▲
Die Rive Droite. Eingang des Palazzo Reale. Oben, der Hafen.

Am Corso Colonna treffen wir als nächstes auf die üblicherweise <u>San Girolamo</u> genannte Kirche. Die kleine Kirche wurde wahrscheinlich nach dem Lavastrom von 1300 erbaut und war eine der ersten wiedererrichteten Kirchen in Villa dei Bagni, auch wenn der Volksmund berichtet, dass die Kirche von der Lava eingeschlossen war, aber wie durch ein Wunder nicht zerstört wurde. Das Cafè Calise in der Piazza degli Eroi ist einen Besuch wert. Neben einem guten Kaffee kann man auch Süßspeisen probieren und abends Klaviermusik in der Pianobar, "*O'Spasso*," genießen.

In Mandra hingegen trifft man auf die Kirche dell'Addolorata erbaut 1873 und weiter vorne auf die Kirche und das Kloster Santa Maria delle Grazie und Sant'Antonio, gegründet im 14.Jh. Hier wird der Körper von San <u>Giovan Giuseppe della Croce</u> aufbewahrt, der wenige Jahre zuvor auf die Insel kam. In der Kirche Sant'Antonio d'Ischia findet sich auch ein Polyptychon der Madonna delle Grazie e Santi mit Porträts der Auftraggeberinnen Costanza d'Avalos und Vittoria Colonna. An der Piazzetta befindet sich die Antoniana, die einzige öffentliche Bibliothek der Insel. In der Via Champault in der Ortschaft Mandra, finden wir das Ende des 18.Jh. erbaute Bezirksgefängnis.

Die Kirche
von Portosalvo

Wir verlassen den Corso Colonna und erreichen Ischia Ponte, den ältesten und geschichtsträchtigen Teil der Insel. Direkt am Eingang in die Altstadt sehen wir Palazzo Scalfati und Palazzo della Corteglia, erbaut im 18.Jh. An der Straße liegt dann das Seminar (Baubeginn 1738 durch Mons. Schiaffinati). Am Eingangsportal des Palazzo della Corteglia prunkt ein prächtiges Fresko aus weißem Stuck, das das Familienwappen darstellt.

Palazzo Scalfati hingegen zeichnet sich durch von Arkaden getragene Balkone aus. Nach dem Palazzo Lanfreschi kommen wir zum Palazzo Lauro (in der Nähe der Buchhandlung Valentino), ursprünglich im Besitz der Cossa. Er verfügt über drei Eingänge und wurde im 17.Jh. erbaut. Auch der sogenannte "Palazzotto" am Piazzale delle Alghe stammt aus dem 18.Jh. Der Platz (Piazzale) wurde 1878 zum

Fischer an der
Ischia Ponte

Die Vorbe-
reitung der
"coffe"
(Netze)

Schutz der Wohnungen erbaut. Kommt man vom Dorf und geht Richtung Castello sieht man die Wohnungen des Adels rechter Hand, während die anderen – um nicht den Blick aufs Meer zu verdecken – sich linker Hand befinden.

Wir müssen uns Richtung Lungomare begeben, um einen weiteren historischen Palazzo zu besichtigen: Lo Scuopolo. Der erste primitive Turm geht auf Orazio Tuttavilla zurück, Kommandant des Castello im Jahre 1563. Das Gebäude – wie auch der Guevara-Turm – hat zwei Eingänge, einen vom Meer aus und einen vom Dorf. Er wurde in den 50er Jahren vom Arzt Fausto Malcovati erworben.

Weiter vorne treffen wir auf die Kollegiatkirche dello Spirito Santo, gegründet 1570 von einer Gruppe von Seemännern, die eine Familienkapelle der Cossa in eine Kirche umwandelten. Die Gläubigen verehren in dieser Kirche San Giovan Giuseppe della Croce. Neben der Kirche das Oratorium der Erzbruderschaft S. Maria di Costantinopoli. Davor steht die Kathedrale dell'Assunta oder S. Maria della Scala, die die Kirche des gleichnamigen Augustinerklosters

7

8

9

war. In der Kirche befinden sich zahlreiche Gemälde, darunter eines von Giacinto Diana aus dem Jahre 1760, die Holzstatue des Schwarzen Christus aus dem 14.Jh., und drei Statuen, die die drei Kardinaltugenden darstellen und Antonio Raboccio aus dem 16.Jh. zugeschrieben werden.

Weiter vorne treffen wir auf das Haus, in dem am 15. August 1654 Gaetano Calosirto geboren wurde, später San Giovan Giuseppe della Croce. In Ischia Ponte sollte man auch das Museo del Mare besuchen.

▲
Der Schwarze Christus

10

Das Museo del mare

Das Museo del mare befindet sich im Palazzo dell' Orologio, einem Bau aus dem 18.Jh., einstiger Sitz des gewählten Inselparlaments. Das Aussehen des Palazzo, gemeinhin "Palazzo dell'Orologio" genannt, geht auf das Jahr 1759 zurück. Da wurde der Turm mit einer Gemeindeuhr ausgestattet. Diese hatte einst ein Zifferblatt aus Marmor, das 1960 durch ein leuchtendes ersetzt wurde. Heute noch ist am Giebel des Palazzo neben einem Gedenkstein aus dem 19.Jh., der an den Tod von Vittorio Emanuele II erinnert, auch die kleinere und ältere Inschrift von Barion Antonini zu lesen.

Sie war dem Trinkwasserbrunnen gewidmet. In verschiedenen kleinen Sälen zeigt des Museum einen Überblick über das Leben der Fischer und über die Geschichte des Seefahrt der Insel. In einem Saal sind alte Fischereiwerkzeuge ausgestellt, von alten Netzen bis zu Petroleumlampen, in einem anderen Fotos von Booten und ein weiterer ist der Geschichte des Thunfischfanges vorbehalten. Im dritten Stock beherbergt das Museum eine Sammlung von Schiffsmodellen, archäologischen Fundstücken aus der Römerzeit, alte Fotografien und *ex voto* der Seemänner.

▲
Der Palazzo dell'Orologio in dem sich das Museo del Mare befindet

11 Das Castello Aragonese

Wir lassen das Dorf Ischia Ponte hinter uns und gelangen an die Brücke, die die Hauptinsel mit dem Castello verbindet. Sie ist ca. 250m lang, wurde zum ersten Mal durch Alfons I von Aragon, dem Großmütigen, aus Holz und Stein errichtet und mehrere Male umgebaut. Zum letzten Mal wurde die Brücke gegen Ende des 19.Jh. völlig umgebaut.

▲

Das Castello bei Sonnenuntergang

Nach dem halbkreisförmigen Platz geht man zum Eingang des Castello und erreicht das Haupttor des Castello Aragonese. Es liegt am Ende eines gemauerten kleinen Anstiegs, der im Laufe der Zeit die Zugbrücke ersetzt hat, die den Felsen mit der Brücke verband. Rechts ragen die Reste eines Landungsstegs aus dem Meer. Er sollte nach den Plänen von Alfons von Aragon als Kai für einen niemals gebauten Hafen dienen, wurde allerdings nie fertig gestellt.

Linker Hand kann man die noch immer mächtigen Mauern der ersten Küstenbatterie sehen. Heute ist hier eine American Bar eingerichtet. Das erste Tor (del "Martello" genannt) war mit einer Alarmglocke ausgestattet, die bei drohender Gefahr geläutet wurde, um die auf den Feldern der Hauptinsel verstreuten Bauern zu warnen. Sie konnten sich so im Inneren der soliden Mauern vor Piraten- oder Sarazeneneinfällen in Sicherheit bringen. Im Architrav derselben Tür existierte bis 1660 eine Gedenktafel, die König Ferdinand von Aragon hier im Winter 1495 zum ewigen Zeugnis des feigen Verrats anbringen ließ, den der Militärgouverneur des Castello, ein gewisser Giusto oder Giustino della Candida beging. Er hatte sich geweigert, ihn aufzunehmen und sein abgetrennter Kopf wurde in der Nähe in einem Loch aufbewahrt. Darauf wurden die Insignien des Hauses Aragon eingemeißelt.

An der linken Säule des Eingangs erinnert die Inschrift im Marmor an die neapolitanischen Märtyrer, die hier vom Bourbonenregime wegen ihrer Einstellung für die Einheit Italiens in politischer Haft gehalten wurden.

Nach etwa 50 Metern gelangt man zum zweiten Tor, das in einen überdachten Gang führt. Der mit der Verteidigung und dem Öffnen und Schließen der Zugbrücke betrauten Kasernengarnison diente dieser als Zugang. Das dritte Tor führt in den wunderbar majestätischen Tunnel, erbaut von *Alfons von Aragon*, der den Einwohnern von Ischia besonders zugetan war.

Dieser bedeutende Tunnel, bis zu 15 Meter hoch und 6 Meter breit, war zu Zeiten des Castello als befestigte Zitadelle so großzügig angelegt, dass zwei Wagen ohne Probleme gleichzeitig hinauf und hinunterfahren konnten. Die Pflasterung mit Steinen aus vulkanischem Basalt erlaubte ein bequemes Reiten.

Der am Beginn der ersten Rechtskurve in den Felsen gehauene Bogen bietet neben Licht und Luft vor allem einen atemberaubenden Rahmen für das Panorama auf die Inseln *Vivara und Procida*.

Der neue Tunnelabschnitt führt zur zweiten Batterie auf der rechten Seite, die einst auch mit Kanonen und einer Kaserne ausgerüstet war. Ein bisschen weiter vorne stößt man auf eine Kapelle, einst San Leonardo geweiht und jetzt San Giovan Giuseppe della Croce, mit bürgerlichem Namen Carlo Gaetano Calosirto (1654 - 1734), ein Discalceatenbruder und einziger auf Ischia geborener Heiliger. Geht man weiter hinauf kommt man zum Sarazenentor, wo einst auf der linken Seite in der Mauer das marmorne Wappen der Familie d'Avalos eingelassen war Davor war die Wache stationiert.

Das nächste Tor, der fünfte und letzte von Alfons dem Großmütigen erbaute Eingang, führt auf einen kleine Platz unter freiem Himmel, die antike Piazza d'Armi aus dem 16. Jh. Von hier gelangt man über einen Feldweg zum ehemaligen Episkop, über eine Zugangsstraße zur Festung und über eine kleine Straße zu dem halbrunden Erdaushub, wo am Boden Ziegel für die Kanonen eingelassen waren. Entlang dieser Straße sieht man noch heute kleine Öfen, mit denen man die Steinkugeln erhitzte. Sobald man bei der Apsis der antiken Kathedrale um die Ecke biegt, trifft man auf das eindrucksvolle Bauwerk genannt "La Casa del Sole", in einer zauberhaften Lage im Südwesten, fast wie ein Balkon über der Bucht von Cartaromana. Darin sind archäologische Fundstücke aus verschiedenen

Das Castello
bei Sonnen-
aufgang

Der Hauptturm
des Castello
Aragonese

Epochen untergebracht, die bei Grabungen am Castello zu Tage kamen. Vorne kommen wir zum kleinen Tempel San Pietro a Pantaniello, der aus der Zeit des Bischofs Polverino stammt, welcher 1564 Bischof von Ischia war. Beim Cafè des Castello liegt der von den Bourbonen 1799 errichtete Kerker, in dem sie die politischen Gegner warfen. Etwas weiter vorne liegt die "*Terrazzo degli Ulivi*".

Diese trapezförmige Terrasse liegt in einer bezaubernden Lage, unter dem mächtigen Hauptturm und hoch über dem Meer; von dort genießt man eine atemberaubende und mitreißende Aussicht über die Monti Lattari bis zum Golf von Gaeta. Weiter vorne sehen wir die ursprünglich aufgrund ihrer Lage Santa Maria La Punta genannte Kapelle, oder auch Santa Maria dell'Ortodonico, aus dem Lateinischen "*in Orto Domini*" im "*Garten des Herrn*"; offensichtlich erinnerte er an den Garten Gethsemane, in dem Jesus seine letzten Stunden verbrachte. Machen wir uns auf zu dem Weg, der an der gesamten Ostseite verläuft und der Trasse der antiken mittelalterlichen Straße folgt, die vom alten Aussichts- und Wehrturm unter der Cappella di Santa Maria delle Grazie und entlang der Festungsmauern bis zur Batterie von San Vincenzo führt, gleich in der Nähe des letzten Zugangstors zum Castello. Gemeinsam mit der zum Hauptturm führenden Straße war dieser Weg eine der Hauptstraßen im Castello. Und hier finden wir auch die heutige Kirche Madonna della Libera, die aus 1301 stammt.

Über die Viale dell'Aliantus, zwischen der typisch mediterranen Vegetation, der üppigen Macchia, erreicht man die Überreste des antiken "*Tempio del Sole*" und zum "*Terrazzino del Tempio*".

Laut Historiker Vincenzo Mirabella befinden sich hier die

Überreste der kleinen Kirche San Biagio, deren Eingang vor der Cattedrale dell'Assunta lag. Kommen wir zur Bastei und Stellungen. Ein erstes Verteidigungssystem des Castello kann fast nur aus der Zeit der Normannen und Staufer stammen, als die Burg begann, eine Festungsstadt zu werden. Sicherlich hat die Bevölkerungszunahme und die dauerhafte Gründung von zivilen, militärischen und religiösen Einrichtungen nach dem Ausbruch des Monte Trippodi im Jahre 1301 dazu geführt, dass das Interesse der provenzalischen Dynastie von Karl II von Anjou an einem Ausbau der Verteidigungs- und Aussichtssystemen und des Mauerrings, der die Zitadelle vor Angriffen vom Meer her schützen sollte, zu wecken. Dann sehen wir das Dorf San Nicola.

▲
Basteien und architektonische Details im Castello

Gässchen und Treppen schlängeln sich zwischen Häusern empor, deren Anordnung unverkennbar landwirtschaftliche Häuser zeigt, mit Öfen zum Brotbacken und Behälter für die Lagerung von Wein und anderen Lebensmitteln. Die Struktur

◀
Die „Siebe" der Nonnen

ist typisch für den Mittelmeerraum und erinnert aus der Nähe gesehen an andere Ansiedlungen auf Ischia oder an der Amalfiküste.

Das Dorf ist nach dem ursprünglichen Namen der Cappella della Madonna della Libera benannt. Die Verehrung von San Nicola muss auf Ischia schon sehr alt und weit verbreitet gewesen sein, da sie sowohl durch die Präsenz der gleichnamigen Einsiedelei auf dem Monte Epomeo als auch durch das Fresco in der Krypta der Kathedrale auf dem Castello bestätigt wird, wo der Schutzpatron von Bari mit den Bischofsinsignien, dargestellt wird.

Nur wenige noch stehende Mauerreste, einige Säulen und ein Ansatz einer Kuppel: das ist alles, was von der antiken Kathedrale übrig geblieben ist; allerdings genug, um den Glanz der Vergangenheit zu bezeugen. Man gelangt über eine imposante zweirampige Treppe in das wirkliche Bauwerk. Die Trep-

pe ist nach Süden ausgerichtet, um die Sonnenstrahlen länger einfangen zu können. Die Kathedrale hat zwei Ebenen: die Kirche und die Krypta. Auf der linken Seite befinden sich vom Eingang aus gesehen der jetzt verfallene Glockenturm und der Bischofspalast, bevor er in die Ortschaft Cilento und danach in das Dorf Celza in den monumentalen Komplex des Diözesanseminars verlegt wurde. In die Krypta gelangt man über einige Stufen. Der Raum ist eng und strahlt Frömmigkeit aus. Hier befanden sich die Gräber der Patrizier, hier erinnerten großartige Monumente an den Wert der Krieger und die politische Fähigkeiten der Gouverneure.

In wunderbarer Lage wurde das Kloster der Klarissen erbaut, die auch "monache cappuccinelle" genannt wurden, daneben eine der Immacolata geweihte Kirche. Gemeinsam bilden sie das am besten erhaltene Monument der antiken Stadt, und zwar deshalb, weil im Kloster bis ins letzte Jahrhundert die Wohnung des Kapitäns eingerichtet und im kleinen Tempel die heiligen Feiern abgehalten wurden, auch dann als die Insel endgültig von den letzten Bewohner verlassen wurde.

Der Bau des Frauenklosters auf dem Castello geschah durch einen Zufall. In der Festungsstadt lebte die edle Beatrice della Quadra, verheiratet mit einem nicht näher definierten Marziale, mit dem sie einen Sohn namens Giovanni hatte. Kurz hintereinander starben ihr Ehemann und der Sohn. Sie heiratete wieder, Muzio d'Avalos, und wurde wieder Witwe.

Als Reaktion flüchtete die niedergeschlagene Beatrice sich in das religiöse Leben. Gemeinsam mit sieben Mitschwestern edlen Blutes gründete sie ein Klausurkloster auf dem Monte Epomeo, in der alten Einsiedelei von San Nicola, mit dem Ziel, junge Edelleute zur Meditation zu bewegen. Der strenge Winter zwang Beatrice und ihre Mitschwestern, den Epomeo zu verlassen und ihr Kloster ins Castello zu verlegen. Auf dem höchsten Teil der Insel gelegen, ragt der Hauptturm mit seinen Türmen und den mächtigen Mauern unvergänglich in den Himmel. Das Bauwerk, gemeinsam mit der Kathedrale das wichtigste Gebäude der antiken Stadt, wurde von den Anjou erbaut und von Alfons I von Aragon, nach dem es benannt ist, völlig umgebaut. Es ist eine solide, viereckige Konstruktion. Im Kleinen spiegelt es die Struktur des Maschio Angioino auf der Piazza Municipio in Neapel wieder. Im Inneren beherbergte es die königlichen Gemächer; bei den vornehmen Räumen, die normalerweise vom Feudalherrn bewohnt wurde und in denen der König auf Durchreise nach Ischia logierte, fallen die Felsen steil zum Meer ab: von den Fenstern des Festsaals konnte der Gouverneur seine Blicke bis nach Capo Miseno und Neapel schweifen lassen.

▲

Alfonso d'Aragona

Verlässt man Ischia Ponte kann man Richtung Cartaromana weitergehen, wo man den <u>Torre di Guerava</u>, besser bekannt als Torre di Michelangelo, bewundern kann. Der Turm mit viereckigem Grundriss ist in drei Stockwerke unterteilt, die wiederum 4 Räume aufweisen. Im ersten Stock ist ein Fresko erhalten, das einem Schüler von Raffael zugeschrieben wird. Es ist historisch gesehen sehr wichtig, weil es uns die Architektur und die Struktur der Burg und des Dorfes im 15.Jh. zeigt. Er wurde vom Adeligen Giovanni di Guevara auf einem Grundstück erbaut, das er durch Erbpacht von den Brüdern des Franziskanerklosters von Ischia erworben hatte. Der Turm war ursprünglich ein Aussichtsturm. Der Volksmund erzählt, dass Michelangelo Buonarroti einen romantischen Briefwechsel mit Vittoria Colonna unterhielt.

12

Geht man weiter, so erreicht man die Pilastri, ein antikes Aquädukt erbaut von Orazio Tuttavilla am Ende des 16.Jh. Seine Aufgabe war es, Wasser von der Quelle in Buceto bis zum Dorf Celsa zu transportieren. Es wurde 1691 fertig gestellt.

➕

Weiterführende Informationen geschrieben von Vittoria Colonna *Rime composte sul castello*, VLG Valentino.

Vittoria Colonna und das Waffenmuseum ↙

Der Aufenthalt der bedeutendsten ital. Dichterin des 16.Jh., gleichzeitig aufgeklärte Mäzenin, erfüllt die Insel mit großem Stolz. Der Name Vittoria Colonna steht auf den wichtigsten Seiten der italienischen Geschichte, und zwar jene über die Renaissance und M. Buonarroti, mit dem sie einen langen Briefwechsel unterhielt, und zwar in jener Zeit, als die Dichterin die "Königin" des Schlosses genannt wurde. Aber das Castello von Ischia war vor allem eine militärische Festung und besonders interessant ist ein Besuch im Waffenmuseum, wo die wichtigsten Folterinstrumente ausgestellt sind.

Spaziergänge im Pinienwald

Im Ortszentrum von Ischia befinden sich die öffentlichen Pinienwälder, kleine grüne Oasen, die eine wichtige Rolle für die Landschaft spielen. Es gibt drei kleine Parks, gewachsen auf

Wer einen ruhigeren Spaziergang vorzieht, kann durch die Pinienwälder gehen, die eine richtige Oase darstellen.

dem "Arso", einer trockenen und kahlen Erde, die der letzte Lavastrom auf Ischia hinterlassen hat (Fiaiano 1302), und die laut Historikern endgültig eine alte und blühende menschliche Siedlung begraben hat (Città Plana). 5 Jahrhunderte später (1850) beschließt der Leiter des Botanischen Gartens in

Neapel, Giuseppe Gussone, diese kahle Erde zu begrünen. Charakteristisch für die pineta di via M.Mazzella ist der zentrale Bereich, in dem hundertjährige Eichen mit den Pinien eine Art Dach bilden. Auf dem Lavastrom haben sich auch Erdbeerbäume, Myrten und Erika angesiedelt. Vor allem letztere begleiten uns auf unserem Spaziergang bis zum Tor, das in die via Foschini führt, die wir ein kurzes Stück entlanggehen, bis wir am Pinienwald an der via A. Sogliuzzo heraus kommen. Diese Straße führt entweder ins Zentrum von Ischia Porto oder Ponte.

▲
Kinderspielplatz im Pinienwald

    Kurz nach dem Parkeingang verbreitet sich der Weg zu einer Art kleinem Amphitheater, das mit aus dem Vulkangestein gehauenen Sitzen geschmückt ist, und sich Volieren mit bunten Vögeln befinden. Auch in diesem Park herrschen jahrhunderte alte Pinien vor: ein wahrhaft majestätischer Anblick. Wir kehren zum Hauptweg zurück und nach flüchtigen Blicken auf tiefgrünen Milzfarn und duftenden Lorbeer verlassen wir Pineta Villari und spazieren auf einem wundervollen, rustikalen Gehsteig zum Corso Colonna. Hier, auf der Höhe der Piazetta S. Girolamo, liegt der Eingang zur Pineta N. Bozzi. Dieser Pinienwald liegt dem Meer am nächsten. Es ist ein wirklich sehr gepflegter Park, wo mit Wissen und Harmonie Pflanzenarten unterschiedlichster Herkunft eingeführt wurden.

Zwischen Weingärten und atemberaubender Aussicht

Für Wander-
begeisterte gibt
es zahlreiche
Wanderwege

Wer gerne kleine Wanderungen unternimmt und die Insel kennen lernen möchte, sollte einen Ausflug nach Campagnano machen. Man bricht an der gleichnamigen Piazzetta auf, die man mit dem Bus oder zu Fuß erreichen kann, indem man der Straße folgt, die sich von Cartaromana den Hügel hinauf schlängelt. Hier kann man die schöne Kirche Madonna della Annunziata aus dem 17.Jh. bewundern. Nachdem wir eine Straße überquert haben, die von typischen "Parracine", mit wilden Pflanzen bewachsen, eingesäumt wird, befinden wir uns in Ca' Mormile. Wir erklimmen die mit Trachytblöcken ordentlich und kunstvoll gepflasterten Stufen. Beim Aufstieg bietet sich unseren Augen ein immer atemberaubenderes Panorama. Der Weg wird steiler und von weitem erkennen wir das berühmte "Croce di Ferro" von Piano Liguori. Nachdem

wir eine von Weinstöcken bedeckte Ebene überquert haben, folgen wir einem engen Weg der sich zwischen Akazien dahinschlängelt und erreichen somit den alten Turm. Der Weg führt nun bergab, in den Tuffstein hinein. In den Tuff wurden große Höhlen für die Zucht von halbwilden Kaninchen gegraben: das sind die charakteristischen "Fuossi", in denen das Kaninchenfleisch einen einzigartigen Geschmack annimmt. Der Weg führt nun bergab und ist trotz einiger Kurven und einem bemerkenswerten Gefälle gut begehbar. Nach ca. einem Kilometer raschen Spaziergangs befinden wir uns im "Monte" genannte Gebiet, wo wir auf einige Restaurants treffen und… somit in die moderne Welt zurückkehren. Weiter vorne kommen wir auf einen Platz, wo es neben der klassischen Kirche einen Bus gibt, der uns nach Ischia Porto zurückbringt.

Eine Baldrian-
pflanze

Die Strände von Ischia

Ischia bedeutet vor allem Meer und Strand. Die schönsten sind der Spiaggia degli Inglesi, der nur zu Fuß von der kleine Straße von Sant'Alessandro aus erreichbar ist, und jener von San Pietro und del Lido, der das Zentrum von Ischia umgibt, sowie Cartaromana mit Blick auf das Castello und die Felsen von Sant'Anna. Vom Hafen nach Cartaromana gibt es eine Verbindung mit den traditionellen Fischerbooten. Die Boote legen am Piazzale Aragonese oder am Landungssteg von Mandra ab (siehe Telefonnummern Transport) und fahren auch zu den Stränden von San Pancrazio und Scarrupata. Der Preis beträgt wenige Euro pro Person. Leichter erreichbar ist der Strand über den Corso Colonna.

Der Spiaggia degli Inglesi

▶

Auf den Stränden kann man viele wandernde Verkäufer antreffen. Links, der Strand von Ischia und die Station Benthos

Wenn man auf der <u>Piazza Marina</u> ankommt, erhebt sich dort **1** die 1821 errichtete Kirche Madonna del Buon Consiglio. Einen Spaziergang kann man entlang der Strandpro-menade machen, wo Boote vor Anker liegen und vorbei an den ver-schiedenen Geschäften in der Fußgängerzone.

"Auf Ischia gedeihen Reichtum und Ansehen nicht, die Menschen kennen die Laster nicht, die sie begleiten, aber sie haben eine schändliche Neigung: sie bringen sich wegen einer Kleinigkeit um"
George Berkeley

Der Ort setzt sich aus mehreren Teilen zu-sammen: Piazza Marina, Perrone, Piazza Bagni, Piazza Maio, Sentinella, La Rita und Cretaio. Historisch gesehen, war Casamicciola der erste Touristen-Ort der Insel, denn schon seit dem 19. Jh. kann er sich elitärer Besucher rühmen, die im Thermalwasser der <u>Piazza Bagni</u> kurten. **3**

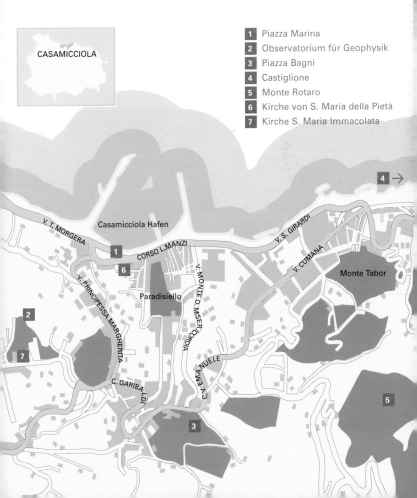

CASAMICCIOLA

1 Piazza Marina
2 Observatorium für Geophysik
3 Piazza Bagni
4 Castiglione
5 Monte Rotaro
6 Kirche von S. Maria della Pietà
7 Kirche S. Maria Immacolata

6 Nach dem Hafen finden wir auf dem Corso Luigi Manzi die Kirche und Kongregation der <u>S. Maria della Pietà</u>. Die Wallfahrtskirche stand ursprünglich auf der Piazza Maio und wurde nach dem Erdbeben am heutigen Ort wieder errichtet. Am Marmoraltar sieht man ein Werk von Vaccaro. In der Nähe des Hafens befindet sich die Thermalanstalt Pio Monte della Misericordia. Sie reicht ca. 200 Meter tief ins Innere. Dort befanden sich einst Thermalbäder für die Ärmsten. Heute ist die Anlage völlig zerfallen und nicht sichtbar.

Entlang der Küste finden wir einige Villen im Jungendstil und dann das Kloster und dir Kirche San Gabriele, ebenfalls nach dem Erdbeben erbaut. Gleich danach die kleine Kirche S. Pasquale Babylon, gegründet in der ersten Hälfte des 18.Jh. In der Nähe des Friedhofs befindet sich die Kirche von S. Antonio, sie ist die einzige Kirche in Casamicciola, die vom Erdbeben verschont blieb.

▲

Historisches
Keramik Werk
Mennella

Im oberen Bereich des Orts, auf der Piazza Bagni finden wir am Corso Garibaldi – neben einer San Francesco geweihten Kappelle in der Via Ombrasco – die dem Sacro Cuore und der S. Maria Maddalena geweiht ist. Auch dieses Gotteshaus befand sich in der Piazza Maio und wurde später wieder aufgebaut. Die dreischiffige Kirche besitzt 9 Altäre. Auf der linken Seite finden wir das Grab des seligen Giuseppe Morgera, der sich in der Zeit des Erdbebens besonders engagierte und bei der Eröffnungsfeier am 15. April 1898 am Altar starb.

7 In Sentinella steht die <u>Kirche der Immacolata</u>, die 1703

gegründet wurde .Besonders ist die Statue der Immacolata, eine Holzskulptur, die von der neapolitanischen Schule des 18. Jh.s gefertigt wurde. In der Nähe befindet sich auch die kleine Kirche der S. Maria dei Suffragi, im Volksmund auch del Purgatorio genannt, die mehrere Male aufgebaut und auch durch ein Feuer im 1891 errichteten <u>Observatoriums für Geophysik</u> zerstört wurde.

Monte Rotaro

Er bietet die schönsten landschaftlichen Einblicke. Mit dem Linienbus erreicht man die Ortschaft Belvedere. Vor dort folgt man ca. 2 km lang den begehbaren Wegen des Cretaio. Auf der rechten Seite stößt man auf einen Platz, der für Autos gesperrt ist. Weiter oben an einem kleinen Platz angekommen, erreicht man nach einigen Metern den Vulkankrater, der von Pinien, Steineichen und Kastanienwäldern umgeben ist. Man kann bis zum Grund des Kraters hinabsteigen, wobei man durch dichte Macchiawälder steigt. Dort gibt es einen dichten Steineichenwald mit Pilzen und Farnen.

Dank des Mikroklimas, das durch die Vulkanaktivitäten des Bodens entstanden ist, können die schon erwähnten "Papiro delle Fumarole" bewundert werden. Wenn man den Krater hinter sich gelassen hat, folgt man den von der Forstpolizei angelegten Wegen zu Fuß bequem bis Ischia Porto. Der Name des Hügels ist eine Ableitung vom Wort Krater oder Cretaio, was so viel wie tonhaltig bedeutet. Der Berg ist ein komplexer vulkanischer Bau der durch verschiedenste Vulkanausbrüche (vulkanische Schichten) entstanden ist.

Piazza Marina. Oben, eine Ansicht auf das Gebiet von Casamicciola mit dem Monte Epomeo im Hintergrund

Das Museum Bellavista

Es befindet sich in der Via Principessa Margherita und war einst der Sitz eines eindrucksvollen Hotels. Heute beherbergt es neben dem Rathaus das Museum Bellavista, wo die verschiedenen historische Zeugnisse von Casamicciola in einer multimedialen Ausstellung zu bewundern sind.

Die Höhle der Sibylle und das Heilwasser

Das Symbol der Gemeinde, auch im Wappen verewigt, ist eine junge Frau, die ihre Beine in einer Thermalquelle badet. Es scheint, dass der Name des Orts von der Verstümmelung des Namens "Casa di Nizzola" (Haus der Nizzola) stammt. Mit diesem Namen wurde der Ort bezeichnet, wo genau diese Nizzola lebte, eine Adelige des antiken Roms, die lange Zeiten in Casamicciola verbrachte, um mit dem Thermalwasser eine nicht näher identifizierte Erkrankung der unteren Gliedmaßen zu heilen, die sie darin hinderte, richtig zu gehen.

Ein Gemälde der Sibylle

Eine andere Legende erzählt, dass Sibylle von Cumae, die Stadt Cuma verließ um sich den Übergriffen des Königs Aristodemus zu entziehen. Sie ließ sich in Casamicciola in der Gegend der <u>Castiglione</u>, nieder, wo sie bis zu ihrem Tode blieb: noch heute kann man die Meeresgrotte sehen, wo sie laut der Überlieferung lebte.

4

Garibaldi und La Stufa di San Lorenzo

Eine sympathische Anekdote über die Thermalbäder und den Held der zwei Welten erzählt der Historiker Nino d'Ambra.

Giuseppe Garibaldi

Garibaldi wollte in Casamicciola seine Wunde heilen, die ihm in Aspromonte zugefügt wurde. Dazu wurde er in ein Sudatorium der Thermalanlage Stufe San Lorenzo geschlossen. Die Ärzte, die ihn begleiteten waren so in ihre Konversation vertieft, dass sie vergaßen, ihn nach Ablauf der vorgesehenen Zeit wieder herauszuholen. Der General, in einem Zimmerchen voller Dampf, eingepackt in einen passenden Anzug und halb erstickt, konnte weder um Hilfe rufen noch sich bewegen. Eine alte Dienerin begriff die Gefahr aufgrund der schon lange abgelaufenen Zeit und öffnete ohne jemanden zu fragen die Tür des Zimmerchens. Als sie den bewusstlosen Garibaldi fand, der kaum noch ein Lebenszeichen von sich gab, rief sie rasch Hilfe.

Als der General hinausgetragen wurde, mussten sich die Ärzte redlich bemühen, um ihn zu reanimieren. Natürlich blieb der Vorfall geheim.

Die Strände von Casamicciola

In Casamicciola gibt es wenige Strände: der wichtigste befindet sich im Ort <u>Piazza Marina</u> und erstreckt sich entlang der Küste bis zu den Felsen des Orts Suor Angela. Dort gibt es dann noch einen kleineren Strand in der Gemeinde Perrone, in der Umgebung des Konvents der Padri Passionisti. Besonders interessant ist der Strand der Bagnitelli im Ort Perrone, unweit der Kirche S. Antonio und des Thermalparks <u>Castiglione</u>.

▲
In den Thermalparks wird großer Wert auf die Pflege der Gärten gelegt

▲
Ein Pool im Thermalpark Castiglione, links, eine Ansicht des ganzen Parks

LACCO AMENO

Hier, genauer gesagt am Hügel Montevico, landeten die Griechen von der Insel Euböa und gründeten somit die erste Kolonie westlich der Magna Grecia. Diese Ortschaft war schon immer nicht nur für die Anmut seiner Landschaften berühmt, wie es der Namen schon sagt, sondern vor allem für die bemerkenswerte Radioaktivität seiner Thermal-Mineralwasser, dem auch von berühmten Wissenschaftlern hervorragende Qualität zugeschrieben wird.

"Die arbeitenden Menschen auf Ischia haben keine Zeit für Eitelkeiten. Sie stehen mit dem Morgengrauen auf und um acht Uhr abends schlafen sie oft schon"
Norman Douglas

Die Stadt erstreckt sich in erster Linie entlang der Küste und in geringerem Ausmaß an den Hügeln beim charakteristischen "Fungo", einem eigenartigen, pilzförmigen Felsen.

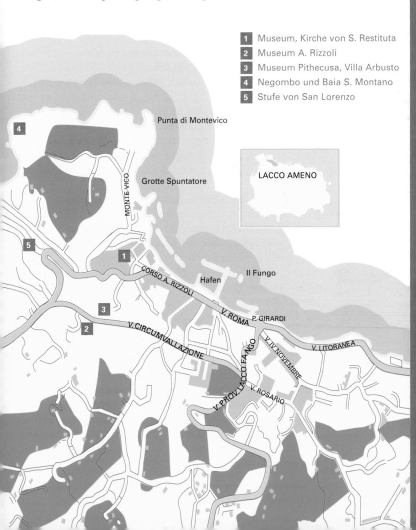

1 Museum, Kirche von S. Restituta
2 Museum A. Rizzoli
3 Museum Pithecusa, Villa Arbusto
4 Negombo und Baia S. Montano
5 Stufe von San Lorenzo

Punta di Montevico

Grotte Spuntatore

LACCO AMENO

MONTE-VICO

CORSO A. RIZZOLI

Hafen

Il Fungo

V. ROMA

P. GIRARDI

V. CIRCUMVALLAZIONE

V. PROV. LACCO FANGO

V. IV NOVEMBRE

V. LITORANEA

V. ROSARIO

▲

Der herrliche
Strand von San
Montano

Im Zentrum von Lacco Ameno sollte man die Wallfahrtskirche Santa Restituta besuchen, die heute aus zwei Kirchen besteht: die ältere und weitaus interessantere wurde 1036 auf den Fundamenten einer antiken frühchristlichen Basilika erbaut.

Das <u>Museum von Santa Restituta</u> erstreckt sich auf einer Fläche von ca.1550m2 und 2 Ebenen. Im ersten Stock befinden sich drei Säle, in denen Geräte, Ex-voto aus Silber, Gemälde, heilige Paramente, Krippenfiguren, Reliquiarien, Prozessionskreuze, Messbecher, kleine neapolitanische Statuen aus dem 18. und 19.Jh. und mittelalterliche Keramiken ausgestellt sind.

▲

Monte Vico,
hier gingen die
ersten griechi-
schen Siedler
an Land

Die darunter liegende archäologische Abteilung ist in 4 Sektionen gegliedert, die dem Besucher einen angenehmen Spaziergang durch Geschichte und Archäologie bieten. Im ersten Sektor sind Fundstücke aus dem griechischen Industriegebiet ausgestellt, darunter Brennöfen, Werkstätten für die Tonverarbeitung, Dekantiergefäße, die man zwischen dem 7. – 2. Jh. v.Chr. datieren kann. Im zweiten Sektor sieht man im Hintergrund Mauern in *opus reticulatum*; Gräber in Intarsienarbeit auf dem römischen Fußboden und ein kleiner Altar aus lokalem Gestein, der die Urne mit den Reliquien von Santa Restituta beschützt. Ein weitläufiger unterirdischer Saal, als Museum eingerichtet, beherbergt im dritten Sektor die Hinweise auf die Präsenz und das Leben der ersten griechischen Siedler. Auf die Fundstücke von Pithaecusa folgen geologische Materialien mit Fossilien, vulkanischer Lavaschaum, steinerne Götzen, Obsidian, Schabwerkzeuge, Feuersteine. Im vierten Sektor befindet sich der frühchristliche Friedhof. Um den Friedhof herum kann man die zahlreichen Gräber bewundern, die auf drei Ebenen übereinander angeordnet sind.

Restituta, die Heilige aus Afrika

Die Verbreitung des Christentums folgt den großen Verkehrswegen dieser Zeit. Der Apostel Petrus kam im Zuge seiner Reise nach Rom im Jahre 42 n.Chr. sicherlich auch nach Neapel, während wenige Jahre später, 61 n.Chr., Paulus in Pozzuoli eintraf. Ischia unterhielt sicher rege Handelsbeziehungen, vor allem mit Pozzuoli, wo es christliche Gemeinschaften gab.

Das Christentum auf der Insel steht in enger Verbindung mit der Verehrung von Santa Restituta, einer afrikanischen Märtyrerin, die – nach christlicher Überlieferung – nach einer langen Bootsreise von Karthago kommend den Strand von San Montano in Lacco Ameno erreichte. Diese afrikanische Stadt war im 5.Jh. nach Rom die wichtigste Stadt der bekannten Welt.

▲
Der Eingang
der Kirche
S. Restituta

Das Museum Angelo Rizzoli

Die schönsten Erinnerungen aus der Zeit, die Angelo Rizzoli in Lacco Ameno verbracht hat. Das Museum, übrigens eines der ersten Museen in Italien, das einer Persönlichkeit gewidmet ist, ist ein Zeichen der Dankbarkeit, die die Inselbewohner dem großen Unternehmer aus Mailand entgegen bringen.

Das Museum wurde in Zusammenarbeit mit der RCS erbaut und unterteilt sich in drei Säle: im ersten sind Fotos aus den 60er Jahren ausgestellt, die Rizzoli und die Leinwandstars zeigen. Der zweite Saal widmet sich dem Leben Rizzolis, während der dritte die Gigantographien der ersten Ausgaben des "Corriere della Sera", der "Gazzetta dello Sport" und weiterer Zeitschriften der jetzigen Verlagsgruppe RCS zeigt.

▲
Ein Bild von
Angelo Rizzoli

Der Strand
an der Straße
A. Rizzoli
▼

3 ### Das Museum Villa Arbusto

Villa Arbusto wurde 1785 von Don Carlo Aquaviva, Herzog von Atri, erworben, der dort die heutige Villa mit dem dahinter liegenden großen Garten erbauen ließ. Darin befanden sich ein kleineres Gebäude für Gäste, das auch heute noch existiert, sowie eine Kappelle, ein Ofen zur therapeutischen Verwendung der heißen Fumarolen, und eine große Zisterne zur Sammlung des Regenwassers. Hier waren viele Vertreter der Kulturwelt Europas zu Gast, unter ihnen im 19.Jh. der Philosoph Bakunin.

1952 wurde die Villa von Angelo Rizzoli gekauft und ging danach auf Initiative des Bürgermeisters Vincenzo Mennella 1978 in den Besitz der Soprintendenza Archeologica für die Provinzen Neapel und Caserta über. Sie setzte es sich zum Ziel, in Lacco Ameno ein Museum einzurichten, um der Öffentlichkeit die Ergebnisse der Ausgrabungen zu präsentieren, die an der Stelle der ältesten griechischen Siedlung im westlichen Mittelmeerraum durchgeführt wurden.

Villa Arbusto

Das Museum von Pithaecusa

Das Museum von Pithaecusa ist in verschiedene Sektionen untergliedert, die die wichtigsten Fundstücke aus den Grabungen von Pithaecusa und Aenaria beherbergen. Im ersten Saal kann man die Fundstücke aus der Mittleren Jungsteinzeit bewundern, die in den Ortschaften Cilento und Castiglione gefunden wurden. Terracottagewichte, Messerklingen, und Bruchstücke von Werkzeugen, aus Kieselstein und Obsidian, ein schwarzes Glas, das von der Insel Palmarola stammt, und ein Schabwerkzeug aus Forio.

In den Vitrinen 3 und 6 sind Materialien aus der Bronzezeit und Hinweise auf die Präsenz der Mykener ausgestellt. Die Keramik von Monte Vico befindet sich in Vitrine Nr.6. Der zweite Saal hingegen ist der Bronzezeit gewidmet und enthält Fundstücke aus den Grabungen von Castiglione. Die Fundstücke der griechischen Kolonie Pithaecusa sind hingegen in den Sälen 3 und 5 ausgestellt: zu beachten die ägyptischen Gegenstände (Skarabäen, Siegel und Grabbeigaben usw.)

Als besonders wichtig hervorzuheben sind der Cratere del Naufragio im späten geometrischen Stil Ende des 8. Jh. v.Chr. und der berühmte Nestorbecher. In den Sälen 6 und 7 die zwischen 6. und 4. Jh. v.Chr. datierbaren Fundstücke. Ausdrucksvoll die Keramiken aus Attika, die mit einer weitaus verbesserten Technik als zuvor hergestellt wurden. Im Saal 8 die Fundstücke aus Pithaecusa der hellenistischen Zeit: Teller, weibliche Köpfe, die die damaligen Frisuren zeigen, Büsten und Amphoren. Saal 9 ist der Römerzeit gewidmet und den Fundstücken aus den Unterwassergrabungen von Aenaria. Besonders schön ist das marmorne Votivrelief des Heiligtums der Nymphen, gefunden in der Nähe der Nitrodiquelle in Barano.

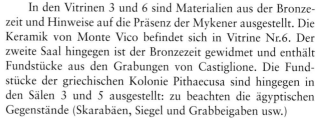

Eines der
Fundstücke
verwahrt im
Museum von
Pithecusa

Die Strände von Lacco Ameno

Wer das Meer liebt, dem bietet Lacco Ameno die romantischste Buch der Insel: San Montano. Diese Bucht ähnelt eine Auster, die sich öffnet, um den perlenähnlichen feinen Sand zur Schau zu stellen. Hier liegt auch der Thermalpark <u>Negombo</u>, der vom Herzog Camerini Ende der 40er Jahre geschaffen wurde. Neben den Becken bietet der Park die Möglichkeit zu gesunden Spaziergängen.

Dahinter bietet sich das bezaubernde Schauspiel des Meeres mit Farben in verschiedenen Grün- und Blautönen.

Im Park fällt eine Statue von Arnaldo Pomodoro ins Auge, umgeben von alten Pflanzen und Thermalbecken. Neben dem Strand am Corso Rizzoli gibt es noch einen Strand, den Strand delle monache, den man nur über das Meer erreichen kann.

In Lacco Ameno liegen die Strände um den berühmten Fungo

FORIO

Forio ist eines der wichtigsten Tourismus- und Wirtschaftszentren und war das ausgewählte Ziel von Literaten und Künstlern.

In der Nähe des Rathauses finden wir zwei Kirchen. Eine ist San Francesco geweiht und verfügt über ein antikes Kloster und die andere der Erzbruderschaft von S. Maria dei Visitapoveri.

Das Franziskanerkloster wurde 1646 gegründet. In der einige Jahre später

"Wie ist es doch lustig und fröhlich hier zu sitzen / um einen Tisch unter dem sommerlichen Sternenhimmel / mit Wein und Strega, die uns Vito gebracht hat / zu lachen und zu plaudern"

W. H. Auden, "Forio, Bar Internazionale"

erbauten Kirche kann man Werke verschiedener Künstler bewundern: Calise, Ceppaluni, Schiano, Bordoni, Preti. Von Filippo Baldi (1806-1890) stammen die Fresken über das Leben des Hl. Franziskus im Kreuzgang.

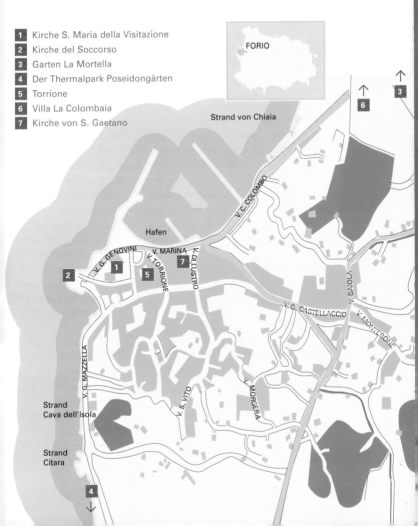

1 Kirche S. Maria della Visitazione
2 Kirche del Soccorso
3 Garten La Mortella
4 Der Thermalpark Poseidongärten
5 Torrione
6 Villa La Colombaia
7 Kirche von S. Gaetano

FORIO

Strand von Chiaia

Hafen

V. C. COLOMBO

V. G. GENOVINI
V. MARINA
V. TORRIONE
K. DI LUSTRO
V. BAIOLA
V. G. CASTELLACCIO
V. MONTERONE

V. G. MAZZELLA
V. S. VITO
V. MORGERA

Strand Cava dell'Isola

Strand Citara

Die Kirche del Soccorso die ein Anhaltspunkt für Seeleute darstellt.
Oben Mitte die Kirche von Innen

2

Daneben erhebt sich die 1614 gegründete Kirche der Erzbruderschaft der S. Maria delle Grazie, die auch "Visitapoveri" genannt wird. Sie hat im Laufe der Jh.e ein wichtiges Werk für die Mitglieder der Bruderschaft und die Bedürftigen vollbracht. Die doppelte Fassade ist ein architektonisches Juwel, während im Inneren der Kirche die Stuckdekoration von Francesco Starace besondere künstlerische Bedeutung hat. Auch Bilder von Alfonso di Spigna sind in der Kirche zu bewundern. Er war einer der bedeutendsten Künstler in dieser Epoche und wurde 1754 auch Prior der Erzbruderschaft.

Die Palazzi Biondi und Covatta ebenfalls im Zentrum von Forio sind zwei Beispiele der lokalen Architektur des 18.Jh. 1685 wurde der Palazzo Biondi errichtet wie auch der Palazzo Covatta. Dieser ist auch auf einem Gemälde von Haeckel zu finden. Die Familie Biondi aus Forio bezahlte einen Arbeiter, der die Aufgabe hatte, vor den Türken zu warnen. Sie hatte in ihrem Palast zum Schein einen Brunnen bauen lassen, in dem sich aber die Älteren im Falle einer Invasion verstecken konnten. Zu bewundern ist auch das Haus von Tommaso Cigliano, dem Entdecker der modernen Homöopathie, mit der Inschrift am Turm "Similia similibus".

Die Kirche del Soccorso, der S. Maria della Neve geweiht, ist ein künstlerisches Juwel. Das ursprüngliche religiöse Gebäude stammt aus dem Jahre 1350 und war als Konvent für die Augustinermönche vorgesehen, die hier bis 1653 wirkten. Ihre Architektur, ihre Lage hinter dem Hafen, haben aus dieser Kirche das Wahrzeichen Forios und der Insel in der Welt gemacht. Die wichtigsten künstlerischen Werke in ihrem Inneren sind ein Altarbild von Cesare Calise, eine Wanne aus Peperin des 19. Jh. und zwei Marmormedailons, die aus dem Mittelalter stammen.

Lässt man die Piazzale del Soccorso hinter sich, erreicht man die Piazza Matteotti und hier, befindet sich die Pfarrkirche des S. Sebastiano, die im 18. Jh. errichtet wurde.

Folgt man den Gassen erreicht man die Mutterkirche, die dem S. Vito geweiht ist, dem Schutzpatron von Forio. 1989 wurde die Kirche zur Basilika erhoben. Sie wurde vor dem 14. Jh. erbaut, im 17. Jh. erweitert und im 18. Jh. völlig umgebaut. In der Via Morgera erhebt sich die Kirche des S. Carlo Borromeo aus dem Jahr 1620. In ihrem Inneren befindet sich der Großteil der Gemälde von Cesare Calise.

▲
Die Sonnenuhr

Im Zentrum Forios befindet sich die Kirche S. Gaetano, die 1655 von Seemännern aus Forio gegründet wurde. Sie beherbergt einige wertvolle Werke von Di Spigna. Torrione ist an der Küstenstraße gut sichtbar. Das ist ein Bau aus dem Jahr 1480 und stellt die wichtigste Festung auf dem Gebiet der Gemeinde Forio dar. Die Konstruktion mit rundem Grundriss wurde von der Universität von Forio finanziert und auf der Spitze eines Tufffelsens im Stadtzentrum realisiert, von dem man strategisch hervorragend den Abhang zum Hafen dominiert. Der Turm ist zwei Stockwerke hoch und war früher über eine versetzbare Holzstiege zugänglich. Das untere Stockwerk, früher von Außen unzugänglich, wurde als Lager für Nahrungsmittelvorräte und Waffen verwendet. Im Inneren wurde eine kleine Zisterne errichtet, die früher genutzt wurde, um Regenwasser aufzufangen.

▲
San Gaetano

Die Kirche von
San Gaetano

Im ersten Stockwerk lebte die Garnison (ca. 10 Männer) unter dem Kommando eines Turmwächters. Ganz oben befand sich die durch die zinnengekrönte volle Brüstung gut verteidigte Terrasse. Der Turm war mit vier Bronzekanonen ausgestattet. Der runde Grundriss der Konstruktion garantierte eine vollständige Sicht und die Verteidigung nach allen möglichen Richtungen. Aus einem Bericht aus 1576 geht hervor, dass, da die mächtige Festung eine wirksame Verteidigungsmethode gegen die Einfälle der Sarazenen bot, die Bevölkerung zahlreiche ähnliche Bauten zu errichten begann. Nach einer ersten Restaurierung des Turms ist im unteren Saal das Stadtmuseum untergebracht, während der obere Saal eine Sammlung von Giovanni Maltese beherbergt, des berühmten Künstlers aus Forio. Er lebte dort ab 1883 30 Jahre lang.

Es sind auch andere Türme zu besichtigen: Nacera, Torone (mit runden Grundriss), Costantina und Vico Schiano. In der Via Erasmo Di Lustro befindet sich hingegen die päpstliche Basilika der S. Maria di Loreto, wahrscheinlich im 14.Jh. errichtet. Die Kirche und die angrenzenden Räume wurden zwischen dem 16. und 17. Jh. auch als Spital genutzt.

In Forio können Sie einen wundervollen Sonnenuntergang erleben, wenn sie der Promenade von der Chiesa del Soccorso ausgehend folgen, die bis nach Citara reicht; wenn Sie Glück haben, werden sie einige Minuten nach dem Sonnenuntergang den berühmten "grünen Strahl" sehen, ein blendendes und kur-

Das Panorama
vom Meer aus
auf die Küste
von Forio

Die Strände von Forio

Der Strand von San Francesco übt eine besondere Faszination aus – sein sandiger Untergrund, der an breiten Abschnitten sehr flach ist und der Vorsprung von Punta Caruso, die ihn schläfrig von einer Seite her umfasst. Ein überfüllter Strand ist der von Chiaia am Beginn von Forio. Cava dell'Isola ist der Strand der Jungen: ein schwieriger Zugang, aber der einzige kostenlose Strand der Insel. Citara ist vom vorspringenden Felsen der Punta Imperatore begrenzt, mit seinem eindrucksvollen Leuchtturm, der mit seinen Lichtstrahlen in der Nacht die Bucht erhellt. In Citara befindet sich der wunderschöne Thermalgarten Giardini Poseidon. Erwähnen muss man auch die Bucht von Sorgeto in Panza. Auch sie ist wie die Cava dell'Isola nur schwer zugänglich, wenn nicht sogar noch schwieriger: aber die Mühe lohnt sich, wenn man dann im Meereswasser in Felswannen badet, die vom reinen Thermalquellwasser gewärmt werden.

▲
Der Strand von Citara

▲
Die Poseidongärten, links der Strand von Cava dell'isola

zes grünes Leuchten, genau in dem Moment, wenn die Sonne im Meer verschwindet. Am Fuße des Berges Epomeo erhebt sich die Kirche S. Maria al Monte. Von hier aus genießt man ein atemberaubendes Panorama. Im Ort Scannella befindet sich eine archäologische Siedlung vom 8. bis zum 6. Jh. v. Ch. Ebenfalls zu besichtigen ist die <u>Villa La Colombaia</u>, Sitz der Luchino Visconti Stiftung.

La Colombaia ist der historische Sommersitz des großen Regisseurs. Sie wurde Ende des 19. Anfang des 20. Jh.s errichtet und nach Jahren der Auseinandersetzungen kam sie in den Besitz der Öffentlichkeit. Ein Flügel der Villa ist der Erinnerung an Luchino Visconti vorbehalten. Das Museum wird von Caterina d'Amico de Carvalho und Piero Tosi geführt. Hier befinden sich Bilder, Erinnerungsstücke, Kostüme und Dokumente, um das Werk und die Figur einer jener Personen lebendig zu halten, die dazu beigetragen hat, weltweit Kino- und Theatergeschichte zu schreiben.

6

▲
Nach dem Fall des Faschismus wurde die Familie Mussolini nach Forio ins Exil verbannt

▲
Der Gedenkstein wo die sterblichen Überreste des berühmten Musikers Sir William Walton ruhen.

La Mortella

Ein alter Steinbruch, aus harten und funkelnden Steinen wurde mit Pflanzen in einen zauberhaften Garten verwandelt: das ist La Mortella. Wir befinden uns im Gebiet zwischen Lacco Ameno und Forio. Wir folgen der Straße von Punta Caruso-Zaro, eine Kurve und nach einigen hundert Me-tern befinden wir uns am Eingang der Villa, die Sir William Walton und Lady Susanna auf der alten Lava des "Marecoco" entstehen ließen. Der Monte Marecoco erinnert an einen schrecklichen Vulkanausbruch, der die Insel erschütterte. "La Mortella" bekommt ihren Namen von der Myrte, einer majestätischen und bescheidenen Pflanze, delikat und stark, duftend und üppig, perfekt in die mediterrane Umgebung zu integrieren. Einige Exemplare der Pflanze, die am Eingang angeordnet wurden, sind das Emblem und "bewachen" das Haus des englischen Künstlers. Kaum eingetreten, ausgestattet mit einem kleinen Führer, der den Plan des Gartens und seiner wertvollen Pflanzen wieder-

gibt, sind wir sofort von einer träumerischen Atmosphäre umfangen. Der starke Duft des Lorbeers und die feinen Aromen des Jasmins, be-grüßen uns mit vielen Ver-sprechen. Unbedingt sehen sollte man den kleinen Teich mit seiner Umgebung, so klug verwandelt von dem englischen Gartenarchitekten Russell Page, der Sensibilität der Lady Susanna. Wenn wir noch ein bisschen höher steigen, betreten wir eine weit entfernte Welt; ein Stückchen Orient mit Wannen und Teichen mit Lotus und Papyrus ge-schmückt, das von den tausenden Bewegungen des über Felsen fließenden Wassers belebt wird. Der Wasserfall des Krokodils bildet das Portal für die perfekte thailändische Konstruktion am Gipfel des Monte Zaro. Gehen wir weiter bis wir begeistert auf einem kleinen Plateau stehen. Dort erhebt sich ein Felssporn: es ist der "Stein" von Sir William, in dem die Gebeine des großen Komponisten bewahrt sind.

Lady Susanna mit Sir William Walton.
Unten einige Impressionen aus dem Garten Mortella

SERRARA FONTANA

Fährt man von Panza Richtung <u>Sant'Angelo</u> so trifft man auf die Kirche Madonna di Montevergine (1684), eine alte Einsiedelei, und auf die Kirche San Ciro im Dorf Cuotto (1661). In Serrara befindet sich die Pfarrkirche Maria SS del Carmine (1641) und dahinter die Kirche Confraternità dell'Immacolata (gegründet 1698), in der sich einGemälde aus dem Jahre 1713 befindet, das die Unbefleckte Empfängnis Maria von Paolo De Matteis darstellt. In Fontana treffen wir auf die Pfarrkirche S.Maria della Mercede,

"Wie schön ist Ischia. Der Pinienwald ist ruhig, das Meer rauscht. Die Blumen blühen, die Pinienzapfen duften. Die Esel schlagen aus und die Menschen lügen. Wie schön ist das Leben"
Maria Kuncewiszowa

in der einige Marmorfundstücke aus der mittelalterlichen Ansiedlung Noia ausgestellt sind, und das Gemälde "Die Krönung der Jungfrau", das Carlo Borrelli Ponticelli (1775) zugeschrieben wird. Neben der Kirche befindet sich die Confraternità di S.Maria delle Grazie.

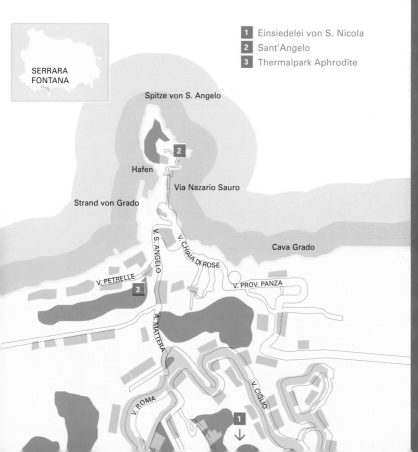

SERRARA FONTANA

1 Einsiedelei von S. Nicola
2 Sant'Angelo
3 Thermalpark Aphrodite

Spitze von S. Angelo

2

Hafen

Via Nazario Sauro

Strand von Grado

Cava Grado

V. S. ANGELO

V. CHIAIA DI ROSE

V. PETRELLE

3

V. PROV. PANZA

A. MATTERA

V. ROMA

V. CIGLIO

1

Sant'Angelo

Sicherlich der faszinierendste Ort der Insel, vor allem auch weil die Zufahrt für Autos verboten ist. Er hat die typische Architektur eines Fischerdorfes bewahrt, mit den für den Mittelmeerraum charakteristischen, ineinander verschachtelten Häusern und den schmalen, gewundenen Gässchen.

Hier konzentriert sich im Sommer das gesamte Nachtleben von Serrara Fontana, mit Tavernen, Cafès und Bars. Es gehört zu den elegantesten Treffpunkten, in dem auch der Elitetourismus mit seinen exklusiven Jachten gerne Halt macht. Hier befinden sich auch die Thermalparks Aphrodite und Tropical. Von Sant'Angelo sieht man auf den Marontistrand, den man über eine kleine Straße am Hotel Miramare erreicht.

Die Wanderwege des Epomeo

Der Monte Epomeo ist der höchste Gipfel der Insel, mit seinen 789 Metern beherrscht er den Golf von Neapel.

Man kann den Gipfel von verschiedenen Gemeinden und über diverse Wege erreichen. Der schönste Weg beginnt am Wald der Falanga während die bequemsten Wege in Fontana, Forio, Casamicciola, Lacco Ameno und Buonopane ihren Ausgangspunkt haben. Der einfachste und bequemste beginnt in Fontana, wo Maultiere bereit stehen, um die Besucher auf

Oben ein Detail
der Piazza
in Serrara
Fontana. Unten
Schafweide auf
dem Monte
Epomeo

ihrem Rücken auf den Gipfel zu bringen. Wer eine kleine Wanderung vorzieht, kann einen der Linienbusse nehmen die nach Fontana fahren und in der Nähe des Weges aussteigen, der zum NATO-Militärgelände führt. Nach 200 m biegt man links ab und erklimmt den Weg, seit kurzem besser zugänglich gemacht, der bis zum Gipfel führt.

Von Casamicciola aus kann man den Gipfel über einen steilen, schwierigen und wenig begangenen Weg erreichen, der an der Piazza Maio beginnt. In Lacco Ameno startet man an der Bourbonenstraße und auch hier beginnt in der Nähe der kleinen Kirche San Giuseppe ein Weg. In Forio folgt man ab Via Bocca den Schildern und Pfeilen und erreicht so Santa Maria al Monte. Von Ischia Porto führt ein längerer Weg zum Gipfel, der bei Montagnone beginnt.

Der Monte Epomeo war jahrzehntelang Anbaugebiet für verschiedenste Kulturpflanzen mit weiten Getreidefeldern, die immer kleiner wurden bis sie schließlich vollständig verschwanden. Weite Gebiete, vor allem in Forio und Serrara, werden heute noch genutzt. Interessant ist die geologische Lage. Er ist von Kastanien, Farnen und dichtem Unterholz umgeben. Pilze und Waldbeeren, vor allem Brombeeren und Walderdbeeren, sind sehr wohlschmeckend.

1 Am Gipfel befindet sich auch die Kirche S.Nicola mit ihrer Einsiedelei. Die Einsiedelei wurde in eine romantische Pension umgewandelt, in der die Zimmer in den antiken Zellen untergebracht sind. Vom Gipfel des Epomeo aus kann man einen "Höhen-Inselrundgang" unternehmen. Wir empfehlen den traditionellen Weg vom Falanga-Wald bis zu S. Maria al Monte.

Die Einsiedelei und die Kirche von San Nicola

An den Hängen des Epomeo liegt in einer beeindruckenden Lage die Kirche San Nicola, eine antike Einsiedelei aus dem Jahre 1400, in der ein Basrelief aus dem Jahre 1504 erhalten ist. Die Verehrung dieses Heiligen geht auf die Zeit der Piratenraubzüge zurück (Ariadeno Barbarossa, Dragut und andere). Dann kam die Zeit der Eremiten. Aber seine Blütezeit erlebte die Einsiedelei durch seinen berühmtesten Bruder, den Flamen Giuseppe D'Argout. Dieser hatte um 1753 durch Gelübde auf das Amt des Gouverneurs des Castello von Ischia verzichtet und sich entschieden, gemeinsam mit 12 Mitbrüdern als Einsiedler auf unserem Berg zu leben. Er stattete die Einsiedelei großzügig mit Gütern aus, vor allem Land, um den Mitbrüdern auch nach seinem Tod eine sichere Existenz zu gewährleisten. Heute ruhen sie fast alle im Frieden der kleinen, einsamen Kirche.

Die Einsiedelei war bis zum zweiten Weltkrieg bewohnt. Es ist ein sehr romantischer Ausflug, vor allem auf dem Rücken eines Maultiers. Zur Zeit gibt es auf dem Gipfel Restaurants und Zimmervermieter.

Ein Detail der Kirche von San Nicola

Im Ortszentrum liegt die Kirche des Schutzheiligen, San Sebastiano, errichtet Ende des 16.Jh. Sie beherbergte ein Augustinerkloster, gegründet von Cosmo Da Verona, einem Kartographen, der auch eine Landkarte der Insel zeichnete. Weiter vorne sehen wir die <u>Kirche San Rocco</u> aus dem 17.Jh., **1** und dann die Kirche der confraternità S.Maria del Carmine.

Im Örtchen Buonopane liegt die Pfarrkirche San Giovanni Battista (16.Jh.), das Gemälde des Heiligen im Inneren wird einem Schüler von Battistello Caracciolo zugeschrieben. In Schiappone befindet sich die Wallfahrtskirche, die Maria Geburt gewidmet ist, eine antike Einsiedelei.

"Ich verbringe vier Stunden mit den braven Bewohnern von Ischia. Sie sind Wilde aus Afrika. Naivität ihres Dialektes. Beinahe keine Spur von Zivilisation, ein großer Vorteil wenn der Papismus und seine Riten die ganze Zivilisation darstellen" Stendhal

Ein Besuch der San Pancrazio geweihten Kapelle ist gleichzeitig eine Gelegenheit, einen traumhaften Winkel der Insel kennen zu lernen.

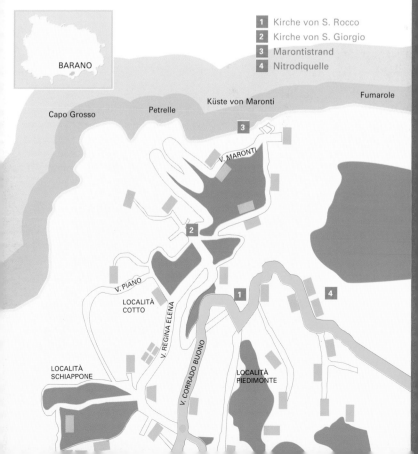

1 Kirche von S. Rocco
2 Kirche von S. Giorgio
3 Marontistrand
4 Nitrodiquelle

BARANO

Fumarole
Küste von Maronti
Petrelle
Capo Grosso
3
V. MARONTI
2
V. PIANO
LOCALITÀ COTTO
V. REGINA ELENA
1
4
V. CORRADO BUONO
LOCALITÀ SCHIAPPONE
LOCALITÀ PIEDIMONTE

In Piedimonte steht die moderne Kirche San Alfonso Maria de'Liquori, während sich am Hauptplatz des Örtchens die Kirche S. Maria la Porta (17.Jh.) befindet. In Testaccio liegt die Kirche Madonna delle Grazie aus dem Jahre 1748 und etwas weiter die <u>Pfarrkirche San Giorgio</u>, in der Dokumente über den Einfall des Korsaren Barbarossa aufbewahrt werden, und noch etwas weiter die Capella dell'Assunta, gegründet 1748.

Die Wanderwege und die Sparainaküste

Das ist ein wunderschöner Spaziergang, den man auch an jenen zur Trinkwasserquelle von Buceto anschließen kann. Übrigens kann man alle Spaziergänge auf der Insel miteinander verbinden, der Besucher selbst kann entscheiden, wie viel Zeit er dazu aufwenden will.

Ausgangspunkt ist Buonopane, wo der Bus von Ischia nach Barano hält. Von der Piazzetta geht man an der Kirche S. Giovanni Battista vorbei und nach ca. 50 m kommt man zu einer hundertjährigen Eiche. Linker Hand führt ein Weg mit ziemlich steilen Stufen zur Quelle von Buceto. Wir empfehlen hingegen den Weg rechts zu gehen, da sich dem Besucher ein beeindruckendes Panorama bietet. Dieser Weg führt nach Buttavento und geht die Sparainaküste entlang, von der man den Golf von Neapel bewundern kann. Ein Stündchen Fußmarsch, und man gelangt an die Quelle von Buceto und geht dann nach rechts, bis zum "Carusiello", der nach Cretaio führt.

▲
Der Glockenturm der S. Rocco. Oben, Erzengel Garbiel der während der Prozession getragen wird

Die 'Ndrezzata

Auf dem Kirchplatz der San Giovanni Battista findet am Montag nach Ostern und am 24.Juni die 'Ndrezzata statt, der traditionelle Tanz der Insel, der auf "maurische" Rituale zurückgeht, die wiederum Frühlings- und Karnevalstänze nachahmten. Dieses Festes geht auf ein Abkommen zwischen den Ortschaften Moropane und Barano im 17.Jh. zurück.

Der Marontistrand und die Nitrodiquelle

 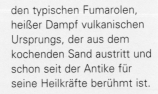

In Barano liegt der Maronti-strand, der mit seinen 2 km Länge der längste Strand der Inseln im Golf von Neapel ist. Charakteristisch für diesen Sandstrand ist das Vorhandensein von unzähligen geglätteten Sandkörnchen, an denen das Sonnenlicht wie an Spiegeln reflektiert wird und so der Haut in kürzester Zeit eine Sonnenbräune verleihen. An der Küste liegen zahlreiche Tavernen und Cafès. Man sollte auch einen Abstecher an den S.Angelo zugewandten Strandabschnitt machen, zu

den typischen Fumarolen, heißer Dampf vulkanischen Ursprungs, der aus dem kochenden Sand austritt und schon seit der Antike für seine Heilkräfte berühmt ist.

Des Weiteren interessant ist ein Spaziergang zu der Olmitelloquelle und eine Dusche an der Nitrodiquelle, die man von Buonopane über eine kleine Straße nur zu Fuß erreicht und wo man Restaurants mit typischer Küche finden kann.

▲
Am Strand von Maronti kann man in vielen Restaurants bei Kerzenlicht essen

▲
Die Quelle von Nitrodi. Links, der Strand von Maronti und Sant'Angelo im Hintergrund

Geschäfte und Märkte

Einkaufen auf Ischia ist angenehm und unterhaltsam und stellt gleichzeitig eine Gelegenheit dar, die Insel kennen zu lernen. Die elegantesten Geschäfte der Insel befinden sich fast alle am Corso Vittoria Colonna und in der Via Roma in Ischia, wo wir auch zu günstigeren Preisen als in den Großstädten Markenware aus der Modewelt erwerben können. Die Geschäfte sind den ganzen

"Du sollst in Ruhe unter diesem Mandarinenbaum schlafen oh Lucina, / blauäugige Königin der weißen Katzen: für dich werden die Wellen Ischias seufzen"
W.H. Auden

Tag geöffnet. Lebensmittelgeschäfte sind hingegen donnerstags Nachmittag und sonntags geschlossen. Die meisten Geschäfte akzeptieren Kreditkarten. Besonders interessant ist das Einkaufen auch in Ischia Ponte, spezialisiert auf Buchhandlungen und Kunsthandwerk.

i
Adressen von Geschäften siehe Seite 134

Kunsthandwerk

Die Keramik hat auf Ischia eine lange Tradition. Heute hat sich die Antike Keramikfabrik Mennella die Überlieferung der Kultur zur Aufgabe gemacht. Sie blickt auf 500 Jahre Geschichte zurück und Cavalier Mennella, Erbe dieser antiken Kunst verfolgt dieses Ziel mit Leidenschaft. Die Ausstellungsräume und die Fabrik befinden sich in der Via Salvatore Girardi und in Casamicciola. Aber neben der Fabrik Mennella ist die Keramikkunst auf der ganzen Insel verbreitet. In Forio darf ein Besuch bei Taki nicht fehlen und in Sant'Angelo können sie in der kleinen Straße, besondere Stücke der Keramikkunst erwerben. In Ischia sind Ponte Mates und Cianciarelli an der Straße zum Castello einen Besuch wert.

Domenico Cianciarelli bearbeitet die Keramik

Märkte und Antiquitäten

Jeden letzten Sonntag im Monat findet ein Antiquitätenmarkt auf allen größeren Plätzen der Insel statt, auf dem Sie Bilder, historische Ansichtskarten und seltene Gegenstände erwerben können. Wer lieber ein Objekt mit Garantie erwirbt, sollte sich zum Corso Colonna in das Rustica Domus oder zum Mercante begeben, wo man seltene Objekte finden kann. Machen Sie auch einen Abstecher zur Libreria Valentino in der Via Luigi Mazzella, Buchhändler und Verleger, bei dem Sie Karten, seltene Bücher und antike Drucke finden können.

Libreria Valentino

Speisen, Weine und Liköre

Auf Ischia findet man viele Supermärkte und Geschäfte. Touristen bringen oft als Souvenir den typischen Likör, den Limoncello, oder einen Weißwein mit.
Ischia Sapori am Corso Colonna hat hierfür die größte Auswahl. Auch in Ischia Ponte, Forio und Lacco Ameno findet man Geschäfte mit ähnlichem Angebot. Wer eine der süßen Spezialitäten, eine Sfogliatella, probieren will, muss in der Cafè-Bar Calise einkehren. Süße Spezialitäten findet man auch in der Bar Vittoria am Corso Colonna und bei Dolce Sosta. Für ein hervorragendes Eis fährt man am besten nach Forio zu Elio, wo ein Angebot von verschiedenen Sorten wartet. In Ischia ist das Eis von Ciccio an P.zzale Trieste e Trento berühmt.

Viele Marktstände bieten die typischen Produkte an

Unterwegs auf der grünen Insel

Ischia gehört zu den weltweit am besten mit dem Festland verbundenen Inseln. Man kann die Insel mit dem Tragflügelboot (von Neapel) erreichen. Für Hin- und Rückfahrt genügt es, wenn man 30 Minuten vor Abfahrt am Bootsterminal ist. An stark frequentierten Reisetagen wird empfohlen, die Fahrkarten schon einen Tag vor der geplanten Abfahrt zu kaufen. Die Insel ist auch mit Fähren erreichbar (von Neapel und Pozzuoli). Man kann den Platz für ein Fahrzeug auch telefonisch oder über Internet buchen (bitte nehmen Sie den Zulassungsschein mit). Für den Personenverkehr gelten die gleichen Hinweise wie bei Tragflügelbooten.

Ein Bus
der Sepsa

Von den Häfen Ischia (Molo Redentore), Casamicciola und Forio gehen ca. halbstündlich Tragflügelboote nach Napoli Mergellina oder Molo Beverello. Von der Banchina Olimpica in Ischia und in Casamicciola legen die Fähren nach Neapel und Pozzuoli ab, wobei auch diese Verbindungen sehr gut sind.

Öffentliche Verkehrsmittel funktionieren sehr gut, und es gibt zahlreiche Taxis und Mikrotaxis. Das Busnetz (SEPSA auf der ganzen Insel und PEGASO in Forio) ist sehr dicht. Die Fahrkarten kann man an Zeitungskiosken, Tabakläden, Cafès, Reisebüros und an den Vorverkaufsstellen der Verkehrsbetriebe kaufen. Man kann immer Taxis und Mikrotaxis benützen. Einigen Sie sich aber unbedingt vor der Abfahrt mit dem Fahrer auf den Fahrpreis bzw. achten Sie genau auf das Taxameter, um nicht von wahnwitzigen Preisen überrascht zu werden. Der Stadttarif gilt nur innerhalb einer Gemeinde und nicht für die Verbindungen auf der Insel. Das Straßennetz auf der Insel umfasst ca. 80km. Parken stellt auf der gesamten Insel ein gewisses Problem dar, aber v. a. in der Gemeinde Ischia stehen zahlreiche Parkplätze zur Verfügung (kostenlos, gebührenpflichtig oder blaue Zone). Parktickets erhalten Sie an Zeitungskiosken und Tabakläden.

Wenn Sie nicht mit dem eigenen Auto nach Ischia kommen, wird das Mieten von Fahrrädern, Scootern oder von Kleinwagen empfohlen.

Das charakteristische Mikrotaxi

Ein Tragflügelboot der Linee Lauro

 i

Informationen zu Verkehrsmitteln siehe Seite 125

ⓘ

Adressen und
Informationen
siehe Seiten
123 und 124

Eine sichere Insel

Auf Ischia stellt die persönliche Sicherheit in den ruhigen Wintermonaten kein besonderes Problem dar. In den Sommermonaten hingegen nimmt man eine verstärkte Polizeipräsenz wahr. Die Mikrokriminalität ist auf Ischia nicht besonders verbreitet, aber im Juli und August ist es ratsam, auf wertvollen Schmuck oder Uhren zu verzichten. Lassen Sie bitte Geld oder Videokameras nicht unbeaufsichtigt. Auch wenn alles ruhig scheint, lassen Sie bitte immer Vorsicht walten.

Unten, der
Helikopter des
Notrufes 118
ist immer ein-
satzbereit

Die medizinische Versorgung

Das Krankenhaus der Insel wurde von Angelo Rizzoli gestiftet. Das Anna Rizzoli ist jetzt ein Krankenhaus, das über folgende Abteilungen verfügt: Gynäkologie, Orthopädie, Radiologie, Chirurgie und Kardiologie sowie Reanimation. Weiters gibt es zwei ärztliche Notdienste und verschiedenen Fachärzte.

Das Nachtleben von Ischia

Das Nachtleben in Ischia endet im Morgengrauen mit warmen Croissants und einem Cappuccino. Zu den In-Lokalen gehören Valentino am Corso Vittoria Colonna, geöffnet nach Mitternacht mit Live-Musik und DJ. Ebenfalls am Corso gehören das Harem oder al Molo 18 zum Pflichtprogramm. Es gibt viele American Bars mit Livemusik wie das Ecstasy in der Piazzetta dei pini mit Pianobar, Dioniso oder das Friends, eine Discobar mit Internet Cafè, das Kiwi in Ischia Ponte oder das Cappuccino am Rive Droite mit Mega Cocktail. Ebenfalls am Rive Droite ist das Millenium mit Livemusik. Ein weiterer Treffpunkt für das Nachtleben ist in Forio, im Dolce Vita oder im Alta Marea, beide am Hafen und bis zum Morgengrauen geöffnet.

i

Adressen der Bars, Pubs und Discos
siehe Seite 142

Wer lieber einen ruhigen Abend mit typischen neapolitanischen Liedern genießen will, so hat er mit dem Giardino degli Aranci am Corso Colonna das richtige Lokal gefunden. Der urige Inhaber Andrea erwartet Sie mit einem Repertoire aus klassisch neapolitanischer und auch internationale Musik. Ebenfalls am Rive Droite liegt die Taverne Vecchia Napoli.

Sport und Freizeit

Auf Ischia können Sie alle Wassersportarten betreiben: Segeln, Windsurfen, Tauchen, usw. Am besten ausgerüstet ist die Insel für Tennis mit einer Vielzahl an Plätzen sowie ein Kunstrasenplatz (Kleinfeldfußball für 5 Spieler).

Joggen kann man im Grün der Pinienwälder, aber auch am Strand in der Fußgängerzone oder an der Strandpromenade zwischen Casamicciola und Lacco Ameno.

▲
Ein Tennisplatz
am Meer

▷
Ein Ausritt
am Strand

ℹ
Sportausrüstung, Clubs und Sportplätze von Seite135 bis Seite137

Typisches Restaurant aus Tuff auf Ischia, Montecorvo

Man kann es sich am Strand schmecken lassen. Viele Restaurants sind hier verteilt.

Die Küche von Ischia

In der Küche der Insel treffen Meer und Hügel aufeinander: Fisch und Kaninchen sind in der Tradition die Basis, gereicht mit Gemüse, aromatischen Kräutern, Olivenöl und Wein. Das traditionellste Gericht ist "Kaninchen auf Ischia Art".

Der Vorsitz von Slowfood, initiiert von Riccardo d'Ambra, setzt sich für den Schutz der "Grubenkaninchen" ein. Interessant ist die Zucht des Grubenkaninchen: es wird eine Höhle die ca. 3 Meter tief und ebenso breit ist gegraben. Dann beginnt man einen kleinen unterirdischen Gang im Inneren auszuheben, an dem die Tiere weiter graben bis sie ihre Behausung geschaffen haben. Mit einer Kaninchensauce werden *Bucatini* zubereitet, wobei der Wein Ischia d.o.c. beim Kochen unerlässlich ist.

i

Eine Liste der besten Restaurants der Insel siehe Seite 138 ff

Kaninchen auf Ischitanischer Art

Zutaten: Öl, Knoblauch, in Stücke geschnittenes Kaninchen, kleine Tomaten, Basilikum, ein halbes Glas Weißwein.

Das Öl erhitzen und einen ganzen Knoblauch dazugeben. Das in Stücke geschnittene Kaninchen hinzufügen und anbraten, mit Salz würzen. Mit Weißwein aufgießen und diesen verdunsten lassen, danach die kleinen Tomaten sowie frischen Basilikum hinzugeben. Ca. 45 Minuten kochen lassen.

Linguine mit Meeresfrüchten

Zutaten: 400g Linguine, 600g Miesmuscheln, Venusmuscheln, Lupinen, ein paar kleine Tomaten, 2 Zehen Knoblauch, ein halbes Glas Weißwein, Petersilie, Peperoncino, Salz.

In einer Pfanne den Knoblauch in einem halben Glas Olivenöl goldgelb anrösten, dann aus dem Öl nehmen. Die Meeresfrüchte werden erst geputzt: die Miesmuscheln bürsten, waschen und abtropfen lassen, die Venusmuscheln und die Lupinen werden für einige Stunden in Salzwasser eingelegt. Jetzt werden die Meeresfrüchte in die Pfanne gegeben, zugedeckt und bei großer Hitze gekocht bis sie sich öffnen. Dann werden die kleinen Tomaten hinzugefügt und mit dem Weißwein übergossen, der fünf Minuten lang verdampfen soll. In der Zeit werden die Nudeln "al dente" (bissfest) gekocht. Zur Dekoration können ein paar Muscheln zur Seite gelegt werden. Die Nudeln in die Pfanne zu den Meeresfrüchten geben, Petersilie unterrühren.

Tee für Halsweh und Verkühlung

Zutaten: 2 trockene Feigen, eine Handvoll Gerste, 2 Malven-
wurzeln, 2 Lorbeer-Blätter, 2 l Wasser. So lange kochen lassen,
bis die Flüssigkeit für zwei Tassen reicht. Zum Schluss zuckern.

Orangenmarmelade

Zutaten: 9 schöne Orangen und 1 Zitrone, 700 g Zucker für
jedes Kilo gekochter Orangen.

Die Orangen und die Zitrone schälen, die weiße Haut und die
Kerne entfernen. In 4 Teile schneiden und gemeinsam mit den
in Streifen geschnittenen Schalen einen ganzen Tag lang in so
viel Wasser einweichen wie die Früchte schwer sind. Nach 24
Stunden alles in einen Topf gießen und langsam mit einer Zimt-
rinde zum Kochen bringen. Immer wieder mit einem Holzlöffel
umrühren. Wenn die Schale beim Umrühren zerfällt, alles
nochmals einen Tag lang in einer Terrine lassen. Nach 24 Stunden die Früchte wiegen und für jedes Kilo 700 g Zucker hinzufügen. Wieder in den Topf geben und kochen lassen, wobei
ständig umgerührt wird. Die Marmelade ist fertig, wenn sich
ein kompakter Tropfen bildet. Jetzt muss die Marmelade lau-
warm werden und dann in Gläser gefüllt werden, wenn sie ganz
gekühlt ist, müssen die Gläser hermetisch geschlossen werden.

**Weiterführende
Informationen**
*Ricette in
mezzo al mare*
von Virginia
Zamparelli,
VLG Valentino,
Euro 7,00.

Juni

Maratonisole
Arcipelago Campano organisiert den Insel-Marathon
Das Programm wird erst bekannt gegeben.
Infos unter www.ischiarun.com

Ischia Film Festival
Es ist auch als Foreign Film Festival bekannt, da Filme, Kurz-
filme, Fiktion, Spots und Dokumentarfilme prämiert werden,
die dem breiten Publikum Orte, Kultur, Bräuche und Traditionen europäischer Länder zugänglich gemacht haben. Jene
Bilder, die uns dazu bringen, Orte zu besuchen, um neue Völker, ihre Traditionen und ihre Art zu leben kennen zu lernen.

Vinischia

Der Wein Ischias – Eine originelle und exklusive Reise rund um
den Weinberg. Verkostungen, geführte Geschmacksanalysen
und Schwerpunkt-Vorträge sind das Herzstück der Vinischia.

Der ehemalige
Präsident
Ciampi beim
Premio Ischia

Juli

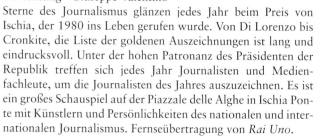

Premio Ischia - Internationaler Journalistenpreis
der Stiftung "Giuseppe Valentino"
Sterne des Journalismus glänzen jedes Jahr beim Preis von
Ischia, der 1980 ins Leben gerufen wurde. Von Di Lorenzo bis
Cronkite, die Liste der goldenen Auszeichnungen ist lang und
eindrucksvoll. Unter der hohen Patronanz des Präsidenten der
Republik treffen sich jedes Jahr Journalisten und Medien-
fachleute, um die Journalisten des Jahres auszuzeichnen. Es ist
ein großes Schauspiel auf der Piazzale delle Alghe in Ischia Ponte mit Künstlern und Persönlichkeiten des nationalen und internationalen Journalismus. Fernsehübertragung von *Rai Uno*.

Fest am Meer bem Felsen von S. Anna und Palio der Gemeinden.
Italienische Lotterie.

Ischia Global Festival

Das Ischia Global Film & Music Festival zeigt internationalen Vorpremieren, die besten Filme der Saison, klassische Schauspiel-Symposien und das Treffen mit den Stars und dem Publikum in Forio und Ischia Porto. Die Veranstaltung wird von der Accademia Internazionale Arte Ischia in Zusammenarbeit mit dem Regina Isabella Hotel & Spa, IMI San Paolo, der Handelskammer Neapel und der Unterstützung des Kultur-Ministeriums sowie der Region Kampaniens organisiert.

August

Ischia Expo

Möbel- und Ausstattungsmesse.

Fest des S. Alessandro

Umzug in historischen Kostümen Ischias beim Fest des S. Alessandro. Wie schon seit beinahe 30 Jahren führt der Kostümumzug durch die Straßen des historischen Zentrums bis zum Stadtviertel Sant'Alessandro.

September

Das Visconti Festival

Das Programm sieht dokumentarische Ausstellungen, Retrospektiven und Diskussionen vor, die die Beziehung Viscontis zu Ischia beleuchten, sowie die wichtigen Themen seines Engagements, sein Theater, seinen süditalienischen Ausdruck und seinen neorealistischen Blick. Beim Festival werden einige Sonder-Publikationen der Stiftung La Colombaia vorgestellt. Höhepunkt des Festivals ist der Internationale Preis Luchino

Das Visconti Museum

Visconti, der unter der hohen Patronanz des Präsidenten der Republik liegt. Wie jedes Jahr werden der "Goldene Gattopardo", die bei den letzten Malen an Arthur Penn, Gabriele Salvatores und Mario Monicelli vergeben wurden, und die "Silberne Hortensie" an Frauen und Männer der Kultur, des Schauspiels und der Kommunikation verliehen. Die Preisverleihung ist ein bedeutender Treffpunkt, der sich im Panorama der Kulturinitiativen auch wegen der teilnehmenden Persönlichkeiten durchgesetzt hat, angefangen bei Suso Cecchi d'Amico bis zu Roberto De Simone, Alida Valli, Julian Schnabel, Valeria Golino, Mai Masri, Walter Veltroni, Valerio Caprara, Jean Chamoun, Gillo Pontecorvo, Mario Garbuglia und Dario Fo.

Fest des Schutzpatrons von Ischia
San Giovan Giuseppe della Croce
Programme der Messen und der Initiativen können in der Kirche in Ischia Ponte (Stadtzentrum) erfragt werden.

September am Kirchplatz
Von der Pfarrkirche Santa Maria delle Grazie in San Pietro veranstaltet (Piazza Battistessa – Ischia Zentrum).

Ischia Jazz Weekend Festival Ugo Calise

Enrico Rava
auf dem
Festival Ugo
Calise

Im Arena Mirtina treffen sich die großen Namen des internationalen Jazz. Das Festival ist nach dem Cantautore Ugo Calise benannt, eine Musikikone der 60er Jahre.

Preis Domenico Rea
Literatur-Preis. Mit Versammlungen, Foto- und Dokumentar-Ausstellungen.

Ischia Run
Marathon mit Streckenlängen zwischen 3 und 10 km.

Oktober

Thermalia Italia
Internationale Börse des Thermaltourismus.

Barano

20. Januar Fest des hl. Sebastiano, Schutzpatron der Gemeinde.
März (jeden Freitag) Pilgerzug zur Kirche des SS. Crocifisso del Cretaio.
19. März Fest des hl. Giuseppe in Fiaiano.
23. April Fest des hl. Giorgio a Testaccio mit Prozession und Orchester.
Montag nach Ostern Fest der Madonna della Porta in Buonopane mit «Ndrezzata».
24. Juni Fest des hl.Giovanni Battista in Buonopane mit «Ndrezzata».
16. August Fest des hl. Rocco in Barano.
15. August Fest der Madonna della Porta in Piedimonte.
7./8. September Fest der Madonna di Montevergine am Schiappone mit Pilgerzügen aus allen Teilen der Insel.

Casamicciola

27. Februar hl. Gabriele (Kirche S.Maria della Pietà).
Abend des Gründonnerstag und Karfreitag Addolorata.
Ostersonntag Hl. Darstellung der Auferstehung auf der Piazza.
13. Juni hl. Antonio (Gleichnamige Pfarre): Prozession und Feuerwerk.
21./22. Juli Santa Maria Maddalena Penitente: Prozession und Feuerwerk.
Dritter Sonntag im September Addolorata auf der Piazza Maio.
4. Oktober Franz von Assisi (Piazza Bagni): Prozession und Feuerwerk.

Forio

Karfreitag Via Crucis durch die Straßen der Stadt mit Beginn an der Basilica S. Maria di Loreto.
Ostern Hl. Darstellung der Engelslauf.
Erster Sonntag im Mai Fest des hl. Francesco di Paola am gleichnamigen Heiligtum.
14./16. Juni Fest des Schutzpatrons S.Vito mit Prozessionen und Feuerwerk.
2. Juli Fest der Madonna delle Grazie (kleine Kirche S. Gennaro in Panza).
Letzter Sonntag im Juli Prozession der Madonna di Loreto, Beginn an der Basilica SS. Maria di Loreto .
5. August Fest der Madonna del Soccorso in der gleichnamigen Kirche.
7. August Fest des hl. Gaetano in der gleichnamigen Kirche an der Piazza Luca Balsofiore.
15. August Fest der Assunta im Heiligtumg S. Francesco di Paola.

12. September Festa sul Monte in der Kirche S. Maria al Monte.

13./15. September Fest des hl. Leonardo in Panza.

29. September Fest des hl. Michele Arcangelo in der gleichnamigen Kirche.

4. Oktober Fest des hl. Franz an der Piazza Municipio von der Franziskanerkirche.

Zweiter Sonntag im November Fest der Madonna della Libera in der Kirche S. Carlo.

8. Dezember Fest der Unbefleckten Empfängnis in der Basilica di S. Maria di Loreto.

13. Dezember Fest der hl. Lucia in der Kirche am gleichnamigen Platz.

Ischia

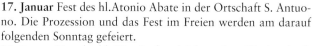

17. Januar Fest des hl.Atonio Abate in der Ortschaft S. Antuono. Die Prozession und das Fest im Freien werden am darauf folgenden Sonntag gefeiert.

31. Januar Fest des hl. Ciro in der gleichnamigen Kirche. Auch hier werden Prozession und das Fest im Freien am darauf folgenden Sonntag gefeiert.

Karfreitag abends stimmungsvolle Via Crucis von der heutigen Kathedrale zur antiken Kathedrale auf dem Castello.

Die Prozession für San Giovan Giuseppe della Croce in Ischia

5. März Fest des Schutzpatrons von Ischia, S. Giovan Giuseppe della Croce.

Dritter Sonntag im Mai Fest der Maria Madre del Divin Pastore in der Kirche Buon Pastore.

Letzter Sonntag im Mai Fest der Maria Rifugio dei Peccatori in der Pfarre von Portosalvo.

10. Juni Prozession des hl. Antonio durch die contrada Mandra, Beginn an der gleichnamigen Kirche des Kloster.s

13. Juni Fest der hl.Antonio in der gleichnamigen Kirche. Die Prozession und das Fest im Freien werden am darauf folgenden Sonntag gefeiert.

28./29. Juni Fest des hl. Pietro in S. Maria delle Grazie.

16. Juli Fest der Madonna del Carmine in der gleichnamigen Kirche in der contrada Cappella.

26. Juli Fest an den Felsen von S. Anna mit allegorisch geschmückten Booten und Feuerwerk.

Ende August Fest der Annunziata in der Kirche von Campagnano.

Erster Sonntag im September 4-tägiges Fest im Freien zu Ehren des San Giovan Giuseppe della Croce.

September Kulturelle Veranstaltungen und diverse Vorführungen auf dem Platz vor der Kirche San Pietro, offiziell "September am Kirchenplatz" genannt.

16./22. Dezember Weihnachtsnovene in der Kathedrale, Ischia Ponte. Krippenaustellung.

Lacco Ameno

31. Januar Fest des San Ciro in der Kirche dell'Annunziata alla Fundera.

Karfreitag Traditionelle Via Crucis in der Pfarrkirche.

Ostersonntag Traditionelle "Corsa dell'Angelo"in der Kongregation dell'Assunta.

19. März Fest des hl. Giuseppe in der Kirche S. Giuseppe al Fango.

16./18. Mai Fest der Santa Restituta V. e M. mit Prozessionen und Feuerwerk.

2. Juli Fest der Madonna delle Grazie in der Pfarrkirche mit Prozession und Feuerwerk.

26. Juli Fest der Heiligen Anna mit Prozession in der Kirche S. Rocco und charakteristischem Umzug auf großen, allegorisch geschmückten Flößen.

15. August Fest der Assunta mit Prozession, Beleuchtung und Feuerwerk in der Kongregation der Assunta.

8. Dezember Fest der Immacolata im Heiligtum Santa Restituta.

13. Dezember Fest der Heiligen Lucia in der Kirche dell'Annunziata alla Fundera.

Serrara-Fontana

31. Januar Fest zu Ehren des hl. Ciro al Ciglio.

13. Juni Fontana, Fest zu Ehren des hl.Antonio von Padua.

16. Juli Serrara, Fest der Madonna del Carmine und S. Vincenzo Ferreri mit folkloristischen Veranstaltungen, darunter der "Brand des Glockenturms" am Abend des 15. Juli.

8. September Succhivo, Fest der Madonna di Montevergine.

24. September Fontana, Fest der Madonna della Mercede mit Prozessionen, Musikgruppen und Feuerwerk.

29. September Sant'Angelo, Fest zu Ehren des hl. Erzengels Michael mit stimmungsvoller Prozession auf dem Meer.

**Die Zentrale des Büros
Cura Soggiorno e Turismo**
*Ischia und Procida, die zur
Region Kampanien gehört,
befindet sich in der*

Via A. Sogliuzzo
(gegenüber der Bar Calise)
Ischia
Tel. +39 081.5074211

*Vorläufig befindet sich das
Informationsbüro auf der Banchina del Redentore am
Hafen von Ischia. Es gibt
auch verschiede Information-
sstellen der Gemeinden: in
Casamicciola auf der Piazza
Marina, in Forio in der Nähe
vom Hafen. Die Information-
sbüros in Ischia geben Ihnen
gerne alle Informationen für
Ihren Aufenthalt auf der Insel
und für mögliche Ausflüge.*

**Ass. Albergatori
e Ass. Termalisti
Hotelier- u.
Bäderwesenverein**
Via Fasolara, 49
Ischia
Tel. +39 081.993466
Fax +39 081.984171

**Ass. Albergatori Termalisti
Hotelier- u.
Bäderwesenverein**
Via P. Margherita, 5
Casamicciola
Tel. +39 081.994420

**Babysitter-Dienst
und Kinderanimation**
*Es gibt zwei Zentren, die sich
auf die Kinderanimation spezialisiert haben und beide sind
in Ischia Porto.*

Kalimera
Via Montetignuso, 16
Tel. +39 081.902089

Fantasyland
Via Fondobosso, 56
Tel. +39 081.3334243

Camping-Plätze

Camping Mirage
(ganzjährig geöffnet)
Spiaggia dei Maronti
Barano
Tel. +39 081.990551
www.campingmirage.it

Camping Paluba
Via delle Ginestre, 38
Ischia Porto
Tel. +39 081.984120
Tel. +39 081.993269
www.ischiacampingpaluba.it
*Vermietung von Apparte-
ments und Bungalows*

Banken und Bankomaten

Ischia
Banca Antonveneta
Corso V. Colonna, 158

Banca della Campania
Via Roma, 65

Credito Popolare
Via Porto, 6

Banca di Roma
Via Alfredo De Luca, 45

Monte dei Paschi di Siena
Via A. Sogliuzzo, 53
Via delle Terme

Banca Popolare di Ancona
Via A. De Luca 113/115

San Paolo - Banco di Napoli
Corso V. Colonna, 242
Via Isolino, 26
Via L. Mazzella, 101
Via Sogliuzzo, 1

Credito Italiano
Via M. Mazzella

Unipol
Via Foschini

Casamicciola
San Paolo - Banco di Napoli
Piazza Marina

Banca popolare di Ancona
Piazza Marina

Lacco Ameno
San Paolo - Banco di Napoli
Via SS. 270,62

Forio
San Paolo - Banco di Napoli
Via Castellaccio, 13/19
Via Casa Polito (Panza), 13

Banca di Roma
Via Cardinale Lavitrano, 18

Credito Popolare
Corso Umberto, 1

Banca Popolare di Ancona
Corso Regine, 49

Banca Intesa
Via Mons. Schioppa, 2

Barano
Monte dei Paschi di Siena
Piazza San Rocco

Sant'Angelo
San Paolo - Banco di Napoli
Via Comandante Maddalena

Post - Poste italiane

Ischia
Via Alfredo de Luca, 42
Via Luigi Mazzella, 46

Casamicciola
Piazza Marina

Forio
Via Verde, 46

Panza
Via Provinciale Panza, 7/a

Barano
Via L. Scotti, 1
Piazza San Rocco, 7

Serrara
Via Ciglio, 6

Nützliche Informationen

Ischia
Rathaus
P.zza Antica Reggia
Tel. +39 081.991013

Verkehrspolizei
Via Iasolino
Tel. +39 081.3333228

Casamicciola
Rathaus
Via Paradisiello, 1
Tel. +39 081.5072511
Fax +39 081.994453

Verkehrspolizei
Tel. +39 081.5072558

Lacco Ameno
Rathaus
Piazza S. Restituita
Tel. +39 081.3330811
Fax +39 081.900183

Verkehrspolizei
Piazza S. Restituita
Tel. +39 081.900185

Barano
Rathaus
Piazza S. Rocco
Tel. +39 081.905408

Verkehrspolizei
Tel. +39 081.905764

Forio
Rathaus
Piazza Municipio
Tel. +39 081.3332911
Fax +39 081.3332927

Verkehrspolizei
Via Genale,5
Tel. +39 081.997542

Serrara Fontana
Rathaus
Via Roma
Tel. +39 081.999234
Fax +39 081.999626

Verkehrspolizei
Via Roma,1
Tel. +39 081.999136

Carabinieri

Ischia
Via Casciaro
Tel. +39 081.991001
Fax +39 081.991065

Casamicciola
Via Mozzillo
Tel. +39 081.994480

Barano
Via Schioppa
Tel. +39 081.990053

Forio
Via G. Castellaccio
Tel. +39 081.997008
Notruf 112

Polizeihauptquartier
Via delle Terme, 80
Tel. +39 081.5074711
Notruf 113

Zollbehörde
Oberkommando
Vermittlung
Via L.do Mazzella
Tel. +39 081.991109
Notruf 117

Hafenwacht
Via Iasolino, 10
Tel. +39 081.991417
Fax +39 081.982845
Seenotrettung
Notruf 1530

Helikoptereinsatzstelle
Tel. +39 081.7804296

Staatliches Försterkorps
Via Castiglione
Tel. +39 081 991117

Notruf
118

Apotheken

Poly-
ambulatorium
Via A. De Luca, 20
Ischia Porto
Tel. +39 081.992011

Ischia

S. Anna
Via M. Mazzella
Tel. +39 081.985089
Fax +39 081.991624

Lacco Ameno

Cantone
C.so A. Rizzoli
Tel. +39 081.900224

Ärztlicher
Notdienst
Via San Giovan
Giuseppe, 13
Ischia Porto
Tel. +39 081.983499

Costabile
Via Acquedotto
Tel. +39 081.902634

Serrara Fontana
Sant'Angelo

Internazionale
C.so V. Colonna
Tel. +39 081.3331275

Termale
P.zza O. Troia
Sant'Angelo
Tel. +39 081.999335

Psychiatrisches
Ambulatorium
Via Mazzella, 11
Ischia Porto
Tel. +39 081.984935

Mirabella
Via L. Mazzella
Ischia Ponte
Tel. +39 081.991237

Della Fonte
P.zza Iacono
Serrara Fontana
Tel. +39 081.999320

Drogenstelle
SERT
Ischia Porto
Tel. +39 081.984170

Casamicciola

De Luise
Piazza Marina
Tel. +39 081.994060

Sant'Angelo
Via Chiaia
delle Rose
Sant'Angelo
Tel. +39 081.999973

Krankenhaus
Anna Rizzoli
Via Fundera, 2
Lacco Ameno
Tel. +39 081.5079111
(Vermittlung)
Tel. +39 081.995495
(Rettung)
Tel. +39 081.5079267
(Notaufnahme)

Forio

Migliaccio
C.so Regine
Tel. +39 081.989335
Fax +39 081.997031

Barano

Garofalo A.
P.zza S. Rocco
Tel. +39 081.990012

Isola Verde
Via V. di Meglio
Piedimonte
Tel. +39 081.996516
cell. +39 347.6535608

Tierarzt
dr. G. Bellezza
Via Acquedotto, 52
Ischia
Tel. +39 081.989709

S. Leonardo
Via Prov. Panza
Tel. +39 081.907064

Lobosco
Via Castellaccio
Tel. +39 081.5071489

Tierarzt
dr. M. Mariani
Via Quercia
Ischia
Tel. +39 081.982529

Pannendienst ACI
Tel. +39 081.984038

**Pannendienst
Ischiacar**
Tel. +39 081.981033
Cell.+39 333.5320333

**Auto und
Mopedverleih**
*Kommen Sie ohne
eigenes Fahrzeug
nach Ischia, raten
wir Ihnen, Fahrrä-
der, Scooter oder
Autos mit kleinem
Hubraum zu mie-
ten.*

Dama Pacifico
Via Iasolino, 76
Banchina Olimpica
Ischia
Tel. +39 081.982332

Schmitt
Via Iasolino, 35
Ischia
Tel. +39 081.985691

Speedy Car Snc
Via Iasolino, 63
Ischia
Tel. +39 081.5074057

F.lli Del Franco
Via A. de Luca, 131
Ischia
Tel. +39 081.991334
Fax +39 081.984054

**Autonoleggio
Ischia**
Via Iasolino, 11
Ischia
Tel. +39 081.992444

**Autonoleggio
Mazzella**
Pariota Gennaro
Via d'Avalos
Ischia
Tel. +39 081.991141

Balestrieri Mario
Via dello Stadio, 16
Ischia
Tel. +39 081.981055

**Autonoleggio
Meglio Giuseppe**
Via T. Morgera, 5
Casamicciola
Tel. +39 081.995222

**Autonoleggio
Senese Antonio**
Via Montecito, 10
Casamicciola
Tel. +39 081.980090

Di Meglio
Via T. Morgera
Tel. +39 081.980312

Alex Auto
Via d'Abunto, 48
Forio
Tel. +39 081.908042

Costabile Salvatore
Via Consortile, 20
Forio
Tel. +39 081.998513

**Autonoleggio
Verde**
Via G. Mazzella, 120
Citara
Tel.+39 081.909208

Dimar snc
Mattera Francesco
& C.
Via G. Iacono
Serrara Fontana
Tel. +39 081.999101

**Rent-Ischia
Noleggio Auto
e Scooter**
U. Puzella
Via Testaccio
Barano d'Ischia

**Autowasch-
anlagen**
*Kundendienst und
Autowäsche.*

**Le Ginestre
Centro Gomme**
Via delle Ginestre
Ischia
Tel. +39 081.981746

Senese Antonio
Via Montecito, 7
Casamicciola
Tel. +39 081.994726

Pit Stop
Via Pannella
Lacco Ameno
Tel. +39 081.995982

FÄHREN UND TRAGFLÜGELBOOTE

Caremar
www.caremar.it
caremar@infovoce24.it
Ischia
Schnellboote Tel. +39 081.984818
Fähren Tel. +39 081.991953
Pozzuoli
Fähren Tel. +39 081.5262711
Napoli
Schnellboote u. Fähren
Tel. +39 081.5513882
Numero verde
Tel. 199123199

Alilauro spa (Schnellboote)
www.alilauro.it
Napoli Mergellina
Tel. +39 081.7611004
Napoli Beverello
Tel. +39 081.5513236
Ischia
Tel. +39 081.991888
Forio
Tel. +39 081.7611004

Snav (Schnellboote)
www.snav.it
Casamicciola Terme
Tel. +39 348.7013471
Napoli
Tel. +39 081.4285111
Procida
Tel. +39 081.8969975
Capri
Tel. +39 081.8377577

Traghetti Pozzuoli
www.traghettipozzuoli.it
Call Center Tel. +39 081.3334411

Medmar
www.medmarnavi.it
infomedmarnavi.it
Call Center Tel. +39 081.3334411

Bootsverleih
Außer im Hafen von Ischia kann man auch in den Häfen von Casamicciola und Forio Boote mieten oder Transfers bzw. Golfrundfahrten buchen.

Franco Trani
Via Porto
Ischia Porto
Tel. +39 347.6345855
Motorboot mit Kapitän für Fahrten im Golf.

Nautica De Angelis
Via Iasolino
Tel. +39 081.981500
Vermietung von Gummibooten und kleineren führerscheinfreien Booten.

Cooperativa Ischia barche
Via Pontano, 7
Ischia Ponte
Tel. +39 081.984854
Cell. +39 349.67320006
Meerestaxi von Ischia Ponte nach Cartaromana-San Pancrazio. Motorbootverleih mit Kapitän für Fahrten im Golf.

Mikrotaxi und Taxi

Ischia
P.zza Antica Reggia
Tel. +39 081.984998

Piazza degli Eroi
Tel. +39 081.992550

P.tta San Girolamo
Tel. +39 081.993720

Via A. de Luca
Tel. +39 081.992493

C.so V. Colonna
Tel. +39 081.993720

Casamicciola
Via Morgera
Tel. +39 081.900369

Lacco Ameno
Piazza Pontile
Tel. +39 081.994310

P.zza S.Restituta
Tel. +39 081.986014

P.zza Garibaldi
Tel. +39 081.995183

Barano
P.zza Maronti
Tel. +39 081.990503

Sant'Angelo
P.tta S. Angelo
Tel. +39 081.999899

Forio
P.zza M. d'Oro
Tel. +39 081.997085

P.zza G. Mattera
Tel. +39 081.997450

Via C. Colombo
Tel. +39 081.997367

Panza
Via S. Leonardo
Tel. +39 081.907251

C.so Umberto I
Tel. +39 081.997482

Autobus
Dieser Service verbindet zufriedenstellend die Stadtzentren der Insel durch Fahrten, die meisten davon mit der Endstation in der Nähe des Hafens von Ischia. Der Preis für eine Fahrt beträgt Euro 1.20 und ist 90 Minuten gültig. Die Tickets bekommen Sie an Kiosken, Bars, Reiseagenturen und im Tabakwarenladen. Für mehr Informationen zu Abfahrtszeiten der Busse, Touristische Karte VLG Valentino Euro 2.50 in allen Kiosken. Oben, die Karte der Hauptlinie der Insel.

SEPSA
Endstation
P.zza Trieste
e Trento
Ischia
Tel. +39 081.991808

Pegaso S.p.A.
Tel. +39 081.908581
Forio

CS
(Hauptlinie Links rum)
Ischia Porto - Casamicciola - Lacco Ameno - Forio - Panza - Succhivo - Cava Grado - Succhivo - Panza - Serrara - Fontana - Buonopane - Barano - Piedimonte - Pilastri - Ischia Porto.

CD
(Hauptlinie Rechts rum)
Ischia Porto - Pilastri - Piedimonte - Barano - Buonopane - Fontana - Serrara - Panza - Succhivo - Cava Grado - Succhivo - Panza - Forio - Lacco Ameno - Casamicciola - Ischia Porto.

Castello Aragonese
via Castello Aragonese, 1
Ischia Ponte
9.30 – 18.00
Die über eine Brücke mit Ischia verbundene Insel war über Jahrhunderte das Zentrum Ischias. Bei einem Besuch erfahren Sie vieles über die bedeutendsten Stationen der Geschichte Ischias und können gleichzeitig eine einzigartige Aussicht genießen.

Museo delle Armi
(Waffenmuseum)
Via Castello Aragonese, 1
Ischia Ponte
Tel. +39 081.984340

Museo del Mare
Via Giovanni da Procida,
Ischia Ponte
Tel. +39 081.981124
Fax +39 081.902319
10.00 – 12.30
und 17.00 – 20.00
Auf drei Ebenen des historischen Palazzo dell'Orologio aus dem Jahre1759 erzählen die ausgestellten Gegenstände von den alten Traditionen der Seefahrt, des Fischfangs und der Arbeit der Fischer von Ischia.

Museo Diocesano
Via Seminario
Ischia Ponte
Mo, Mi, Fr 9.30 – 12.00
Das Museum beherbergt Zeugnisse von Glauben und Kunst, die die 78 Kirchen der Insel schmücken. Es handelt sich dabei um Schätze, auf die die ganze Insel als Heimat großer Künstler zurecht stolz ist.

"I Pilastri"
Via M. Mazzella
Ischia
Ein Aquädukt aus dem 17.Jh., nachempfunden im unverkennbaren römischen Stil.

Museo Civico (Stadtmuseum) und Villa Comunale della Bellavista (Stadtpark)
Via Principessa Margherita
Casamicciola Terme
9.00 – 13.00 (Mo, Mi, Fr)
9.00 – 13.00 und
15.00 – 17.00 (Di und Do)
Tel. +39 081.5072535
Das Museum befindet sich in einer vor kurzem restaurierten antiken Villa und beherbergt die Zeugnisse des tragischen Erdbebens von 1883, das die Orte Casamicciola, Lacco Ameno und Forio fast vollständig zerstörte.
Es sind auch Fotos und Darstellungen des darauf folgenden Wiederaufbaus zu sehen. Oft Veranstaltungsort von Ausstellungen.

Geophysisches Observatorium
Im Ortsteil Sentinella
Casamicciola Terme
19.00 – 23.00 (von Fr. bis So.)
Tel. +39 081.507252
Es befindet sich in dem Gebäude, das 1885 nach dem verheerenden Erdbeben als Geophysisches Observatorium errichtet wurde. In einigen Sektionen wird die einstige Organisation der geophysischen Forschung auf der Insel erläutert. Besonders interessant sind der seismologische Behälter von Giulio Glabrowitz und andere wissenschaftliche Geräte aus die-

*ser Zeit. Sehenswert außer-
dem der Garten und die "Terrasse mit Blick ins
Unendliche".*

Museum Villa Arbusto

Corso Angelo Rizzoli, 224
Lacco Ameno
9.30 – 13.00
und 16.00 – 20.00
montags geschlossen
Tel. +39 081.900356
*Das Hauptgebäude dieser Vil-
la aus dem 18.Jh., das
Museum von Pithaecusa,
führt auf einem sehr interessanten Weg durch die antiken
Geschichte der Insel, von der
Prähistorie bis zur hellenistischen Zeit. International
bedeutend die Sektion mit
den Fundstücken der archäologischen Grabungen unter
G.Buchner, in der auch der
berühmte Nestorbecher
ausgestellt ist.
In einem Nebengebäude der
Villa Arbusto, dem Museum
Angelo Rizzoli, bezeugen
Fotos den für Ischia so wichtigen Aufenthalt des Comme-
datore Angelo Rizzoli, der in
den 50er und 60er Jahren
berühmte Persönlichkeiten
des internationalen Jetsets
nach Ischia brachte und auch
das einzige Krankenhaus der
Insel in Erinnerung an seine
Frau Anna errichten ließ.*

Museum von Pithaecusa

Villa Arbusto
Corso Angelo Rizzoli, 224
Lacco Ameno
Tel. +39 081.3330288

Museum und Ausgrabun-
gen Santa Restituta

Piazza Santa Restituta
Lacco Ameno
10.00 – 13.00
und 16.00 – 19.00
Tel. +39 081.980538
*1952 begann Don Pietro Mon-
ti mit archäologischen Gra-
bungsarbeiten unter dem
Heiligtum. Heute sind sie der
Beweis für die Präsenz des
Menschen in diesem Gebiet
von der Zeit Pithaecusas an
bis zu den ersten Christen.
Man kann die Brennöfen der
Töpfer aus dem 8.Jh. v.Chr.
bewundern sowie römische
und frühchristliche Gräber.
Weitere wichtige Fundstücke
befinden sich im Museum.*

La Mortella

Via F. Calise, 39
Località Zaro
Forio
9.00 – 19.00
(Di, Do, Sa und So)
April – November
Tel. +39 081.986220
Fax +39 081.986237
*La Mortella heißt der herrliche
Garten, schon seit Jahren der
Öffentlichkeit zugängig, den
der zeitgenössische englische
Musiker William Walton
gemeinsam mit seiner Frau
Susanna anlegte. Er lebte seit
dem Jahr 1949 auf Ischia, und
noch heute wird der Garten
von seiner Frau liebevoll
umhegt und gepflegt.*

Stiftung La Colombaia
Luchino Visconti
Via F. Calise, 130
80075 Forio
9.30 – 12.30
und 16.00 – 19.30
Tel. +39 081.3332147
info@colombaia.org
Die Villa des berühmten Regisseurs Luchino Visconti liegt auf einem steil ins Meer abfallenden Felsen und ist umgeben von einem einzigartigen Park.
Vor kurzem restauriert dient sie oft als Veranstaltungsort von Ausstellungen, kulturellen Veranstaltungen, Konzerten und internationalen Kursen für den Bereich Theater/Kino. Demnächst wird das Luchino Visconti gewidmete Museum eröffnet.

Torre di Guevara
Via Nuova Cartaromana
Ischia
Tel. +39 081.3331146
Der Turm ist eines der Wahrzeichen Ischias. Er wurde wahrscheinlich im Rahmen des Befestigungsplans von Alfons I von Argon erbaut, der 1433 die Errichtung von Türmen an der Küste vorsah. Sein Bau wird Don Giovanni di Guevara zugeschrieben, der im Gefolge von Alfons I aus Spanien nach Ischia kam, oder auch einem anderen Mitglied derselben Familie, Don Francesco de Guevara, von Karl V Ende 1400 zum Gouverneur auf Lebenszeit ernannt. Der Turm blieb immer im Besitz der Guevara, Herzöge von Bovino. Er wird fälschlicherweise auch „Turm von Michelangelo" genannt,

weil sich einer Legende zufolge der Künstler lange hier aufgehalten habe, um in der Nähe von Vittoria Colonna zu sein, welche im Castello wohnte.

Stadtmuseum "Il Torrione"
Via del Torrione
Forio
Tel. +39 081.3332934
Es wurde im 16.Jh. als Schutz vor den häufigen Sarazeneneinfällen erbaut und ist heute das Wahrzeichen des Städtchens Forio. In diesem großen Turm wird eine bemerkenswerte Sammlung von Werken des Bildhauers und Dichters Giovanni Maltese aus Forio aufbewahrt. Im Sommer finden hier Ausstellungen und kulturelle Veranstaltungen statt.

Landwirtschaftsmuseum
Via Mario d'Ambra, 16
Forio
Tel. +39 081.907246
info@dambravini.it
D'Ambra Vini hat den Bauern von Ischia ein Museum gewidmet, in dem alte Geräte und Holzfässer, 200 Jahre alte Weinpressen sowie alte Fotografien als Zeugen des bäuerlichen Lebens auf der Insel, das auf die Zeit der Griechen (7. Jh. v.Chr) zurückgeht, ausgestellt sind. An den Wänden des Museums finden wir einige geographische Karten der Insel mit Luftaufnahmen aus den 50er und 60er Jahren, die die außerordentliche Wandlung der Insel von Landwirtschaft zum Thermalbedezentrum dokumentiert haben.

**Bibliothek - Zeitschriften-
sammlung
Fondazione Premio Ischia
Giuseppe Valentino**
Via Quercia, 64
Casamicciola
Tel. +39 081.985454
Fax +39 081.985707
info@premioischia.it
*Hier befindet sich die histori-
sche Zeitschriftensammlung
mit der vollständigen Sam-
mlung der Zeitungen von
Ischia, gestiftet von Pierluigi
Mazzella sowie zahlreiche
Bücher über die Insel von
1500 bis heute. Recherche-
möglichkeit nur nach Termin-
vereinbarung.*

Bibliothek Antoniana
Rampe di Sant'Antonio
Montag bis Freitag
9.00 - 13.00
Tel. +39 081.3333255
*Sie beherbergt in ihren ge-
mütlichen Sälen eine Vielzahl
an Büchern über Geschichte
und Kultur der Insel sowie
über diverse Themen. In der
Bibliothek finden oft Ausstellungen und Tagungen statt.*

**Biblioteca del Centro
di Ricerche Storice d'Ambra**
Via San Vito, 56
Geöffnet bei Terminvereinba-
rung
Tel. +39 081.997117
*Sie beherbergt über 10.000
Exemplare, persönlich aufge-
spürt, ausgewählt, katalogi-
siert und aufbewahrt von
Prof. Nino D'Ambra, einem
Historiker, der sich mit Pas-
sion nicht nur der Geschichte
der Insel widmet.
In dieser privaten Bibliothek,
die auch für Interessierte
geöffnet ist, finden regelmä-
ßig kulturelle Treffen mit
bedeutenden Gästen statt.*

Kinos

Excelsior
Via Sogliuzzo, 20
Ischia
Tel. +39 081.985096

Delle Vittorie
C.so Umberto I, 38
Forio
Tel. +39 081.997487

Giardini Poseidon
Via M. Cotone
Forio - Citara
Tel. +39 081.9087111
Fax +39 081.9087130
*Der Thermalpark Giardini
Poseidon (Poseidongärten) in
der romantischen Bucht von
Citara in Forio verfügt über 20
Thermalbecken, drei davon
befinden sich in einer überdachten Anlage, jedes mit einer
eigenen konstanten Temperatur zwischen 16 und 40 Grad
Celsius. Die Quellen sind
hyperthermal, stark minerali-
siert und vom Typ Brom-lod-
salzig, und Sulfat-salzig-
alkalisch. Dank der reichen
Wassermenge wird das Was-
ser ständig erneuert. Und all
dies in einer intakten Natur,
einer Oase des Friedens in
50.000 m2 Gärten mit ver-
schiedensten Pflanzen und
Blumenarten, ein wahres
„Thermalparadies" direkt am
Strand, wie es ein gelungener
Werbeslogan beschreibt. Alle
Thermalbecken wurden nach
den modernsten Vorschriften
der Medizin und Technik
gebaut. Das besondere Klima
und die einzigartige
Landschaft, gemeinsam mit
den positiven Effekten von
Meer und Sonne, vollenden
die therapeutischen Vorteile
der Thermen und bilden somit
einen außergewöhnlichen
Cocktail aus Synergien in
einem „Mosaik der Natur und
Heilkraft". All dies ist in den
Poseidongärten von März bis
Oktober möglich.*

Thermalgärten Negombo
Via S. Montano
Lacco Ameno
Baia di San Montano
Tel. +39 081.986152
Fax +39 081.986342
*Der Park befindet sich in der
Bucht von San Montano. Er
umfasst verschiedenste Ther-
malbecken mit Meer- und
Thermalwasser und wird mit
seinen Einrichtungen allen
medizinischen und ästheti-
schen Ansprüchen gerecht.
Der Park mit unzähligen Pflan-
zen und Blumenarten bildet
die ideale Umgebung zur
Entspannung und Wiederer-
langung der perfekten Form.*

Thermalgärten Castiglione
Via Castiglione, 36
Casamicciola Terme
Tel. +39 081.983995 - 982551 -
982747
*Er liegt zwischen Ischia Porto
und Casamicciola in einem
grünen Tal, das bis zum Meer
abfällt und erstreckt sich über
viele Terrassen, die durch
eine private Standseilbahn
miteinander verbunden sind.
Das Thermalwasser, schon im
alten Rom bekannt und
mehrmals in den Schriften
von Plinius und Strabon
erwähnt, fließt in 10 Becken,
davon 8 Thermalbecken mit
einer Temperatur zwischen 30
und 40 Grad. In der Anlage
befinden sich ein Panorama-
restaurant, ein olympisches
Schwimmbecken mit Meer-
wasser, ein Privatstrand,
Natursauna, Unterwasser-
massage, Kneippbecken,
Schönheits- und Thermalab-
teilung.*

Thermalgärten Aphrodite
Via C. Maddalena
Serrara Fontana - Sant'Angelo
Tel. +39 081.999219 - 999202
Fax +39 081.999325
Verschiedene Becken, Natursauna, Thermal- und Schönheitsabteilung in einer Terrassenanlage.

Schwimmbad O'Vagnitiello
Via Castiglione, 6
Casamicciola Terme
Tel. +39 081.982728
In Casamicciola an einer wunderschönen Bucht zwischen Felsen und einem kleinen Strand liegen die Becken von Bagnitiello mit Sauna, Pension und Restaurant.

**Ischia Thermal Center
Salute e Bellezza**
Via delle Terme,15
80077 Ischia
Tel. +39 081.984376 - 984472
www.ischiathermalcenter.it
info@ischiathermalcenter.it
Vom it. Gesundheitsamt anerkannt.

Thermalgärten Tropical
Via Ruffano
Sant'Angelo
Tel. +39 081.999242

Thermen von Cavascura
Sant'Angelo
Serrara Fontana
Tel. +39 081.905564
Die römischen radioaktiven Thermen von Cavascura sind die ältesten der Insel. Eingebettet in eine wunderbare Naturlandschaft bieten sie eine Vielzahl an Behandlungen für das psychophysische Wohlbefinden, wie Naturfangokuren, Thermalbäder, gynäkologische Kuren, Massagen und Schönheitskuren.

Thermalquelle von Nitrodi
Ortsteil Bonopane
80070 Barano d'Ischia
www.consorziomaronti.it/nitrodi
info@consorziomaronti.it

**Thermalgärten
Il Giardino Eden**
via Nuova Cartaromana, 68
Ischia
Tel. +39 081.985015
Fax +39 081.985015
www.ilgiardinoeden.it
info@ilgiardinoeden.it
Eine üppige und luxuriös anmutende Mittelmeervegetation, vor allem verschiedene Arten von Palmen, stellt den Rahmen für die vier Becken des "Giardino Eden" dar. Großzügig angelegt bieten zwei von ihnen die Möglichkeit zum Schwimmen, während man in den beiden anderen eine entspannende Unterwassermassage genießen kann; die unterschiedlichen Temperaturen machen das Wechseln angenehm. Man kann sich auf einem der vielen Liegebetten um die Becken ausruhen; wer hingegen ein Bad im Meer vorzieht, erreicht mit wenigen Schritten den Steg, der einen der Felsen von Sant'Anna umgibt und geradezu dazu einlädt, ins Wasser zu springen und sich danach auf einer bequemen Luftmatratze in der Sonne zu trocknen.

**Ceramiche
Fratelli Mennella**
via S. Girardi 47
Casamicciola Terme
Tel. +39 081.994442
Fax +39 081.994424
www.mennella.it
info@mennella.it
Die älteste Keramikfabrik von Ischia, L' Antica Fabbrica di Ceramiche Mennella, ist mit ihrer 500-jähriger Geschichte ein Beispiel für die großen Traditionen der Insel Ischia, berühmt für die Verarbeitung von Terracotta und die Produktion von Vasen.

Ceramiche Cianciarelli
Via Regina Elena, 43
Barano
Tel. +39 081.905318

Via Luigi Mazzella, 141
Ischia Ponte
Tel. +39 081.984674

Ceramiche Keramos
Via d'Avalos, 89
Casamicciola Terme
Tel. +39 081.33330142
www.keramosischia.it

Le Maioliche
di F. Calise
Via Matteo Verde, 27
Forio
Tel. +39 081.997232

Verde
S.S. 270 Forio/Panza, 205
Tel. +39 081.909208

Bottega della ceramica
Via L. Mazzella, 95
Ischia
Tel. +39 081.984678

Sole d'Ischia
Forio
Tel. +39 081.908481

Mattera
Via Iasolino, 52
Ischia
Tel. +39 081.991279

Nigia
Via Roma, 86
Ischia
Tel. +39 081.984184

Il Pirata
Via Sant'Angelo, 77
Serrara Fontana
Tel. +39 081.999098
Tel. +39 081.996771
info@ilpirata.net

Il Coccio
Salvatore delle Donne
P.zza Antica Reggia
Ischia
Tel. +39 081.991126

Le Faenze
di Claudio Cosentino
Via Porto, 107
Ischia
Tel.+39 081.982320
www.lefaenze.it

Tennis Cub
Cartaromana
via N. Cartaromana
Ischia
Tel. +39 081.993622

Tennis Club
Pineta
Corso V. Colonna
Ischia
Tel. +39 081.993300

Tennis Club
Residence
Via dello Stadio
Ischia
Tel. +39 081.981246

Tennis Comunale
via C. Colombo
Ischia
Tel. +39 081.993416

Tennis Elma
Corso V. Emanuele
Casamicciola
Tel. +39 081.994919

Tennis Villa
Giochi
Via P. Margherita
Casamicciola
Tel. +39 081.994697

Tennis Europa
Via M. Onofrio
Lacco Ameno
Tel. +39 081.994877

Tennis Club
Via M.Verde
Forio
Tel. +39 081.998198

Tennis
dello Stadio
via Spinavola
Forio
Tel. +39 081.997134

Sporting Tennis Club
Via San Giuseppe
Forio
Tel. +39 081.909192

Tennis
Costa del Capitano
Via Succhivo
Serrara Fontana
Tel. +39 081.999338

Tennis Diramare
Via Fondolillo
Serrara Fontana
Tel. +39 081.999253

Tennis Romantica
Via Ruffano
Serrara Fontana
Tel. +39 081.999319

Tennis Club
Punto d'Incontro
Via Montagna
Barano
Tel. +39 081.901881

Tennis comunale
Via Piano Testaccio
Barano
Tel. +39 081.990909

Fussball

Ischia
Stadio Mazzella
Campo Rispoli

Casamicciola
Stadio Comunale

Lacco Ameno
Stadio Comunale

Forio
Stadio Comunale
Campo di Panza

Barano
Campo del Testac-
cio

Futsal

Ischia
Spalatriello

Camping club
Via delle Ginestre

Barano
Campi di Fiaiano
Campo Schiappo-
ne

Forio
Campo del Fango

Dimensione Blu
Via Iasolino, 116
Ischia
Tel. +39 081.985008
Tauchen

Yacht Club
Via Porto, 86
Ischia
Tel. +39 081.993821

**Ischia Tauch
Zentrum**
Via Iasolino, 106
Ischia
Tel. +39 081.985008

**Schiffahrts-
zentrum**
Spiaggia di Citara

**Windsurf
Zentrum**
Rist. Pallone,
Spiaggia dei
Maronti
Tel. +39 081.990280

**Centro Ischia
Habitat**
Via Porto, 68
Ischia
Tel. +39 081.981433
www.francosava-
stano.it
ischia@francosava-
stano.it

Emozione Mare
Via V. Colonna, 9
Tel. +39 081.992828
www.emozione-
mare.com
ischia @emozione-
mare.com

**Hafen
Sant'Angelo**
Via N. Sauro, 38
Sant'Angelo
Tel. +39 081.999102
Fax +39 081.999150
www.ischiayacht.it
info@ischiayacht.it

**Marine
und Seewesen**
Casamicciola
Tel. +39 348.9193830
www.mareemari-
neria.it
info@mareemari-
neria.it

Auras club
Tel. +39 335.8421413
Tel. +39 329.1797132
www.auras.it
*Segelboote, auch
für Behinderte.*

**Segelschule
Yachtclubvela**
Porto di Forio
(Ort Monticchio)
Tel. +39 338.7223983
info@yachtclubve-
la.it

Spinning Empire Club
Via F. Bosso, 37
Ischia
Tel. +39 081.3331248

Flora Health Club
Via A. De Luca
Ischia
Tel. +39 081.984376
Fax +39 081.981240
www.hotelflorai-schia.it
info@hotelflorai-schia.it

Zentrum für Fitness und Heilgymnastik
Via Fondobosso, 4
Ischia Porto
Tel. +39 081.989864
Fax. +39 081.993470

Geco Club Fitnesszentrum
Via IV Novembre, 50
Lacco Ameno
Tel. +39 081.980964
info gecoclu@virgi-lio.it
Karate, Bodybuil-ding, lateinameri-kanische Tänze, Aerobics, Step

Fitnesstudio Taekwondo Ischia
Via delle Ginestre
Tel. +39 081.982259

Fitnesstudio Dance Sport Club
Via Cossa, 66
Ischia
Tel. +39 081.983990

Ischia Cavalli
Via Cretaio, 17
Loc. Fiaiano
Barano
Tel. +39 081.982069

Zentrum Tontau-benschießen
Serrara Fontana
Leitung: Anlc- Ita-lienischer freier-Jagdverband.

Basketball

Freiluftplatz am
Liceo Scotti
Via M. Mazzella
Ischia

Platz im Freien an
der Scuola Media
Via Castellaccio
Forio

Sporthalle
Via Fondobosso
Ischia

Gemeinde-schwimmbad
Via M. Mazzella
Ischia Porto

Ristorante Al Convento
Largo Convento
Ischia Ponte
Tel. +39 081.991345
Elegantes Ambiente und hervorragende Küche.
Die wundervolle Terrasse mit Blick auf das Castello Aragonese ist ideal für ein romantisches Abendessen.
Reservierung empfohlen. Kreditkarten werden angenommen.

Ristorante da Cocò
Piazzale Aragonese
Ischia Ponte
Tel. +39 081.981823
Traditionelle Küche vor allem auf Fischbasis. Moderate Preise und Blick auf das Castello.

Ristorante da Gennaro
Via Porto Rive Droite
Ischia
Tel. +39 081.992917
Historisches Lokal in der Rive Droite in Ischia, wo man Meeresgerichte genießen kann.
Vom Jet-Set der 60er und 70er Jahre frequentiert, hat es sich seinen Charme bis heute erhalten. Kreditkarten werden angenommen.

Ristorante O' Porticciullo
Via Porto Rive Droite, 42
Ischia
Tel. +39 081.993222
Fax +39 081.993222
info@porticciullo.it
Traditionelle Küche vor allem auf Fischbasis.
Zu probieren sind die Bucatini mit Miesmuscheln und Pecorino, ein historisches Mahl des Lokals. Kreditkarten, Bankomat.

Ristorante Il Barracuda
Via Campagnano, 62
Ischia
Tel. +39 081.902046
Ein atemberaubender Blick mit einer regionalen und lokalen Küche, ohne große Ansprüche, moderate Preise.

La Baia del Clipper
Via Porto, 116
Ischia
Tel. +39 081.334209
Am Hafens erwartet Sie in einem modernen Lokal die Küche des Chefs Nunzio, der zwischen Rezepten für Meeres- und Fleischgerichte wechselt.

Ristorante Pizzeria L'incontro
Via dell'Amicizia, 1
Ischia Porto
Tel. +39 081.991940
Die Goldene Gabel 1993 - 1994. Ein Lokal in dem man eine neapolitanische Megapizza genießen kann, sicherlich eine der besten der Insel. Außerdem werden Meeresspezialitäten angeboten.

Ristorante Mezzanotte
Via Porto, 78
Ischia
Tel. +39 081.981653
Internationale Küche mit moderner Umsetzungen der klassischen neapolitanischen und Meeresküche. Gutes Service und auch die Pizza ist einen Versuch wert. Kreditkarten werden angenommen.

Ristorante Alberto

Lungomare C. Colombo, 8
Ischia
Tel. +39 081.981259
1950 gegründet, ist es ein historisches Lokal, dass auf im Strand verankerten Pfählen errichtet. Die internationale Küche wird durch die traditionelle neapolitanische Küche und der Ischias verfeinert. Guter Weinkeller.

Ristorante Pizzeria da Umberto

P.zza Croce
Ischia
Tel. +39 081.991581
Die erste Pizzeria Ischias, die in den 50ern von Umberto Santucci eröffnet wurde. Abgesehen von der ausgezeichneten Pizza ist auch die Küche auf Fischbasis und mit internationalen Rezepten hervorzuheben. Kreditkarten und Bankomat.

Ristorante Pizzeria da Gaetano

Via M. Mazzella, 33
Ischia
Tel. +39 081.991807
dagaetano@metis.it
Gaetano ist der König der neapolitanischen Pizza. Daneben führt er eine traditionelle neapolitanische Küche.

Ristorante Pizzeria da Cecilia

Via Edgardo Cortese, 9
Ischia
Tel. +39 081.991850
Die historische Pizzeria von Donna Cecilia am Corso Colonna ist ein Kult für die Touristen, die die regionale Küche verkosten wollen.

Ristorante Pizzeria da Pasquale

Via Sant'Angelo, 79
Sant'Angelo
Tel. +39 081.904208
Die beste Pizza in Sant'Angelo und unter den besten überhaupt. Dafür muss man den ansteigenden Gassen im Zentrum folgen. Ein Spaziergang der den Appetit anregt.

Ristorante Dal Pescatore

Piazzetta Marina Sant'Angelo
Serrara Fontana
Tel. +39 081.999206
Küche ganz klar auf Meeresbasis. In-Lokal, das von den Vips frequentiert wird, die Sant'Angelo wählen. Hervorragend sind auch die hausgemachten Torten.

Ristorante Il Bracconiere

Loc. Falanga
Serrara Fontana
Tel. +39 081.999436
Kaninchen auf Ischia Art, Fleisch am Grill und hausgemachte Nudeln.

Ristorante La Tavernetta del Pirata

Via Sant'Angelo
Serrara Fontana
Tel. +39 081.999251
Life-Musik und Küche vom kleinen Hafen Sant'Angelos umrahmt. Ein sehr charakteristisches Lokal.

O' Guarracino
Via Castiglione, 62
Casamicciola Terme
Tel. +39 081.982551

Die Spezialität hier sind Spaghetti mit Seeigeln und die besten Rezepte auf Fischbasis. Ein reizvolles Abendessen mit Blick auf den Castiglionepark. Man erreicht das Lokal mit der Standseilbahn, die den Parkplatz mit dem Park und dem Strand verbindet.

Ristorante Pizzeria Monfalcone
Piazza Marina
Casamicciola Terme
Tel. +39 081.994401

Auf der Piazza Marina im Zentrum von Casamicciola ein Lokal mit starker Tradition. Im Lokal gibt es auch einen kleinen Spielplatz für Kinder.

Ristorante Namagal
Via Montecito
Casamicciola Terme
Tel. +39 081.900068

Pizza nach Metern in verschiedenen Geschmacksrichtungen und das Kaninchen auf Ischia Art sind die Stärken dieses Lokals.

Aglio, Olio e Pomodoro
Spiaggia dei Maronti
Barano d'Ischia
Tel. +39 081.906408
Tel. +39 328.0603672
info@grottasulmare.it

Seit wenigen Jahren geöffnet, hat das Restaurant von Giuseppe Taliercio Erfolg bei Publikum und Kritik. Ganztägig geöffnet, bietet es das ideale Ambiente für jene, die am Marontistrand zu Abend essen möchten.

Ristorante Da Ida
Spiaggia dei Maronti
Barano d'Ischia
Tel. +39 081.990163
ida@metis.it

Am Strand Maronti, ein historisches Lokal. Ausgezeichnete Meeresküche.

Ristorante di Nicola "Le Fumarole"
Spiaggia dei Maronti
Barano d'Ischia
Tel. +39 081.999780
info@lefumarole.it

Von den Vips frequentiert, die Maronti und Sant'Angelo wählen. Küche auf Basis von Meeresrezepten.

Trattoria Il Focolare
Via Cretaio
Barano d'Ischia
Tel. +39 081.902944
info@trattoriailfocolare.it

Das Lokal von Loretta und Riccardo d'Ambra, mit dem ausgezeichneten Küchenchef Agostino bietet die typische Küche der Insel Ischia mit seinen Gewürzen, Düften und Gerichten. Es ist Mitglied von Sloowfood zum Schutz des Grubenkaninchens. Jedes Jahr bietet er den Jahreszeiten entsprechend verschiedene Feste.

La Vigna di Alberto
Via G. Garibaldi, 57
Barano d'Ischia
Tel. +39 081.901193

Ein alter Weinkeller, der auf wunderbare Weise in ein Lokal umgebaut wurde. Menü mit außergewöhnlichen traditionellen Gerichten.

Ristorante Bellavista
Via Bosco dei Conti, 15
Barano d'Ischia
Tel. +39 081.903033
Pizzeria und Restaurant mit einem wunderschönen Blick auf den Golf von Neapel.

Ristorante Montecorvo
Via Bocca - Forio
Tel. +39 081.998029
Bei Giovanni wird man, neben dem Garten, in einem gemütlichen Lokal empfangen. Ein großer Tuffstein ist die Charakteristik des Lokals. Die Küche ist ausgezeichnet und man kann das Kaninchen auf Ischia Art.

Ristorante Il Melograno
Via Giovanni Mazzella, 100
Forio
Tel. +39 081.998450
Fax. +39 081.5071984
Die großartige Küche gehört zu den besten Restaurants der Insel, genau richtig für raffinierte und verwöhnte Gaumen. Guter Weinkeller.

Umberto a mare
Piazzale Soccorso - Forio
Tel. +39 081. 997171
Wetteifert um die Palme des besten Restaurants der Insel mit einer internationalen Küche auf Fischbasis. Ein ausgezeichneter Weinkeller und außergewöhnliche Gerichte. Ausgezeichnet auch das Service.

La Pagliarella
Loc. Punta Imperatore
Via Costa, 20 - Forio
Tel.+39 081.909325
Meeres- und traditionelle Küche

Peppina di Renato
Forio
Charakteristisches, gemütliches Restaurant. Gute Küche und hervorragende Nudeln mit Bohnen.

Ristorante La Cantina
Nitrodi Barano
Tel. +39 081.905789
Für die Besucher der Nitrodiquelle ist es ein Muss hier einzukehren. Fleisch und Fisch vom Grill.

Bar Ristorante La Pietra
Via Giovanni Mazzella
Forio d'Ischia
Tel. +39 081.998607
Bruschette mit Tomaten ist hier eines der Spezialitäten. Man isst im Freien. Das Lokal ist in Tuffgestein gehauen.

Ristorante Da Leopoldo
Via San Gennaro Panza
Forio d'Ischia
Tel. +39 081.907086
Ein weiteres historisches Lokal mit guter Küche und diskretem Ambiente.

Ristorante Il Delfino
Corso A. Rizzoli, 116
Lacco Ameno
Tel. +39 081.900252
Küche auf Fischbasis auf dem Corso Angelo Rizzoli. Tische am Strand von Lacco Ameno mit Blick auf den "Fungo".

O Padrone d'o Mare
Via Roma, 6
Lacco Ameno
Tel. +39 081.900244
Küche auf Basis von Meeresrezepten. Ausgezeichnet die Spaghetti des Padrone. Reservierung empfohlen.

Bar e Caffè
Ischia
Bar Calise
Piazza degli Eroi

Bar Calise al porto
Piazza Trieste e Trento

Bar Vittoria
Piazzetta San Girolamo

Bar Ciccio
Piazza Antica Reggia

Bar da Cocò
Piazzale Aragonese

Bar Napoli
Via Luigi Mazzella
Ischia Ponte

Bar Dolce Sosta
Corso Vittoria Colonna,

Casamicciola
Bar Calise
Piazza Marina

Forio
Bar Gelateria
da Stany & Elio

Pianobar e Disco
Ischia
Blu Jane
Via Arenile Pagoda
Tel. +39 081.993296

Harem
Discoclub
C.so V. Colonna
Tel. +39 081.981465

Valentino
Discoclub
C.so V. Colonna, 97
Tel. +39 081.982569

Ectasy Club Bar
P.tta dei Pini, 3
Tel. +39 081.983364

Giardino degli aranci
Restaurants
Tel.+39 081.991150

O'Spasso
Livemusic
Piazza degli Eroi

Casamicciola
Bar Calise
Piazza Marina
Tel. +39 081.994080

Forio
Dolce Vita
Via Cava delle Pezze, 29
Tel. +39 081.998480

Oasis
Via Prov. Panza, 209
Tel. +39 081.907227

Marylin
Via Matteo Verde

Anema e core
Pianob ar
Tel. +39 081-989341

Serrara Fontana
Dal Pescatore
Sant' Angelo
Tel. +39 081.999206

Neptunus
Sant' Angelo
Tel. +39 081.999702